발바닥에 불났다

Busy, Busy as a Bee

발바닥에 불났다

2011년 10월 20일 1판 1쇄 발행

지은이 · 장명옥 | 발행인 · 이선우
펴낸곳 · 도서출판 선우미디어
등록 | 1997. 8. 7 제300-1997-148호
110-070 서울시 종로구 내수동 75 용비어천가 1435호
☎ 2272-3351, 3352 팩스: 2272-5540 sunwoome@hanmail.net

값 10,000원

※ 잘못된 책은 바꿔 드립니다.
※ 저자와 협의하여 인지 생략합니다.

ISBN 978- 89-5658-286-3 03810

발바닥에 불났다

장명옥 수필집

Busy, Busy as a Bee

Essays by Myungok Kim Chang

선우미디어 sunwoomedia

축하의 글

퇴색하지 않는 빛으로

김영중 | 수필가

장명옥 선생이 처녀 수필집을 출판하게 되었다. 태어나 말끔하게 목욕을 하고 새하얀 포대기에 싸인 갓난아이를 처음 만나는 그런 기쁨으로 축하하며 큰 박수를 보낸다. 다가오는 사랑마다 첫사랑처럼 가슴 설레듯, 한 권의 책을 내는 노고를 대할 때마다 떨리는 가슴이 된다.

저자의 글을 먼저 읽고 그 뒤에 그것을 쓴 작가를 만날 경우도 있고 반대로 저자를 먼저 알게 되고 후일에 그의 글을 읽게 되기도 하는데, 나와 장 선생과의 경우는 후자에 속한다. 장 선생이 수필 공부를 시작하면서 글 선생으로 만났으니 참으로 보배스런 인연이 아닐 수 없다.

가까이에서 본 장 선생은 가정적이고 다정다감한 사람이어서 누구에게나 친근감을 갖게 한다. 다정다감한 성격은 삭막한 시대에 더구나 이민생활을 하는 한인들에게 호감을 느끼게 하는 요소다. 격의 없이 친구로 만들어 버리는 성품은 착함과 따뜻함에서 우러나오는 심성 덕일 것이다.

장 선생은 이국에서 자기수련의 한 방법으로 창작 활동을 지속해왔다. 때로는 글쓰기를 포기하고 싶을 때도 있었을 것이다. 이것이 뭐 밥이라도 되는가, 엎어버리고 싶을 때도 있었을 것이다. 그러나 문학에 대한 절망을 거듭하면서도 포기하지 않고 문학의 끈을 쥐고 놓치지 않으려는 노력이 그녀의 영혼을 성숙시키며 수필가로서 등단한 작가가 되었다.

수필은 평범함 속에서 진리를 발견하고 무가치한 것에서 진정한 빛깔과 향기를 찾아내는 글이다. 장명옥 수필가 역시 주변의 일상사를 작품의 소재로 선택하고 있다. 글을 쓰는 사람은 세상의 아무것도 그냥 무심히 스쳐가는 것이 없다. 흰 구름 한 가닥, 그 구름의 빛깔, 풀 한 포기의 생애…, 사물의 그늘을 그리고 살아있거나 사라지는 것에 대해 무관심하지 않는다. 글쓰기는 모든 것에 대한 사랑이

전제되기 때문이다. 장 선생의 수필은 원대하거나 심오하거나 치열한 세계가 아니라 소박하고 사소하고 평범한 것들 속에서 삶의 기쁨과 사랑을 확인하면서 가족과 호흡하며 사는 재미와 이민생활의 애환을 그리고 있다. 또한 한국을 배경으로 하여 한국의 혼을 담아낼 수밖에 없는 수필가이다. 그녀의 글이 담고 있는 그만의 빛깔과 향기가 이를 잘 입증해 준다.

설익은 밥을 귀한 손님들에게 내어놓는 두려움과 부끄러움을 면하기 위해 누에가 비단실을 뽑아내듯이 자신의 안에 있는 생각들을 토해 내고자 창작에 열정을 다하는 그녀의 숨결을 작품 마다에서 읽을 수 있다. 지나치게 개인과 가족사적인 것에 매달려 있는 듯하지만, 독자는 읽어가는 중에 자신도 모르게 가족적인 맛과 행복감에 빠져들게 될 것이다. 또한 삶을 영위하는데 있어서 가장 중요한 것은 가족애와 가정의 화목임을 시사하고 있다.

문학은 인간 본연의 심성을 추구하는 것이고 특히 수필은 그 심연에 가장 가까운 장르이다. 장 선생의 맑고, 고운 순수의 마음을 잃지 않고 지금까지 달려온 그 의지와 기백으로 더욱 인격적인 향기가 풍겨나는 격조 있는 작품을 창작할 때 작품의 세계는 한 계단

깊어지고 넓어지며 문학적인 발전이 있을 것이다.

튼실한 소나무에서 솔 향이 멀리 번지듯 가지마다 향기 가득 품어 문향이 진한 나무로 가꾸어 나가며 퇴색되지 않는 빛으로 남을 수필들이 발표되기를 기원하며 축배에 잔을 들어 수필집 상재를 거듭 축하한다.

작가의 말

영원한 그리움을 위해

소녀시절 나의 가슴 속에는 문학을 향한 한 바다가 출렁이고 있었습니다. 물을 향하여 끊임없이 철썩이는 파도처럼 작가가 되고 싶은 꿈의 파도는 늘 나를 붙잡고 놓지 않았습니다. 세월을 살아내면서 인생의 가을인 중년에 나는 꿈을 이루며 작가가 되었습니다. 삶은 새롭게 변했고, 마음의 글을 엮어가는 일은 나를 외롭지 않게 했습니다. 지금 내가 가고 싶었던 길을 가고 있으니 참으로 행복합니다.

나를 끔찍이 사랑하시던 어머니와 큰오빠, 그들은 이미 이 세상을 떠나셨습니다. 생전에 큰오빠는 내 등단 소식을 듣고 자신의 일처럼 기특해 하였고 자랑스러워 하셨습니다.

학교에서 상이라도 받는 날이면 교문 밖에서 기쁨의 미소를 지으시며 딸을 대견해 하셨던 내 어머니, 지금 두 분은 이승에 계시지 않으시나 받은 사랑 형형할 수 없기에 여전히 내 마음엔 그리움이 강물처럼 흐르며 영원까지 닿을 것 같습니다.

어머니나 큰오빠, 비록 고인이시긴 하지만, 내 가족들과 함께 살아온 삶의 이야기를 기록하며 써낸 수필을 두 분 사랑에 보답으로 바치고 싶은 마음과, 아내로 어머니로 할머니로 살아온 여자의 일생이 배어있는 삶의 사연들을 자손들에게 남겨주고 싶은, 두 복합적인 마음으로 흠이 있고 영글지 못한 글들을 모아 책을 펴낼 용기를 낼 때, 왠지 마음은 기쁨과 감사로 벅차올랐습니다.

이 책에 실린 글들은 사사로운 일들의 기록 같지만 내 삶의 과정에서 주워 모은 이삭들이기에 글 쓰는 일에 더욱 성의와 성심을 다했습니다. 누군가 제 글을 읽고 소박한 행복이 전해지며 가슴에 한 점 공감의 바람이 지나 간다면 더없이 기쁘겠습니다.

문학의 길로 인도해주신 김영중 선생님, 작품론을 써주신 정목일 선생님, 출판을 위해 애정을 기울여주신 선우미디어의 이선우 대표님, 두 편의 작품을 영어로 번역해준 큰며느리 김도란, 여러분들께 머리 숙여 감사의 인사를 올립니다. 언제나 나의 힘이 되어주고 내 삶의 의미가 되어주는 가족들께도 고마움과 사랑을 전하며 포옹합니다.

2011년 9월 가을이 오는 길목

캘리포니아에서 장 명 옥

장명옥 수필집

발바닥에 불났다

Busy, Busy as a Bee

| 차례 |

2 인연은 운명처럼

3 돌을 닮은 여자

4 작은 천국

5 Out of this world

장명옥의 수필세계

1
빗장과 열쇠

웃는 얼굴에 침 못 뱉는다

햇빛이 화사한 6월의 오후 2시. 친구가 걸어 온 전화를 받으며 운전하고 있었다.

“그래요, 내일 모래면 서울에 있을 거예요.”

“좋겠다. 근데, 요즘이 장마철이라는데….”

“잠간만, 아니, 전화 끊어야 되겠다. 나, 빨간 불 깜빡이는 순경한테 정지 신호 받았어요.”

“어머머머머, 어째….”

친구의 놀란 소리를 들으며 아찔함으로 심장이 철렁 어딘가로 떨어지는 기분이다. 전화를 내려놓고 길가에 차를 세운다. 순경은 내 차로 다가오고 나는 문을 열고 나선다.

“아니, 나오지 말고 문 잠그세요. 유리창만 내리세요.”

긴급 상황임이 틀림없는데, 이상하게 나는 두려움보다 먼저 웃음보가 터진다. 피할 수 없는 너무나 어처구니없는 실수를 했으니 어쩌하면 좋을지 대책이 안 선다. 직장생활을 고만 두고 시간에 쫓기지 않게 됐으니 운전도 꽤는 편안하게 하고 다닌다고 생각하며 사는 중이다. 그런데, 어쩌다 이런 일이 벌어졌으니 깜짝 놀라 쩔쩔매고 있는 중이다. 우물쭈물 하고 있는 동안 입을 꼭 다물어도 온통 우스워서 혼자서도 참기 힘들다. 우선 지갑속의 면허증을 꺼내 든다.

"왜 세웠는지 아십니까?"

"물론이죠."

"전화를 코드 없이 손에 들고 통화하고 있었죠?"

"그래요."

"80마일 넘는 속도였죠?"

"맞아요."

"내가 뒤에서 오는 건 봤나요?"

"봤어요."

꼬박꼬박 대답하며 여전히 웃음이 쏟아진다. 요구하기도 전에 면허증을 건넸다. 슬쩍 보고 도로 내게 준다. 계속 웃고 있는 내게 그가 말한다.

"웃지 마세요. 볼우물이 너무 예쁘네요. 다음에는 조심하세요."

그는 휭 떠나갔다. 이제 나는 어떻게 하는 건가. 한낮에 고속도로에서 과속으로 달리며 전화까지 손에 들고 있던 나. 빨간 불을 깜빡이는 교통순경에게 정지되어 온통 내 잘못을 인정했는데, 어떻게 이런 일이 일어날 수 있었나. 아마도 내 볼우물이 자기 어머니를 생각나게 한 건 아닐까 하는 생각이 든다. 티켓을 받으면 18개월 동안은 또 무슨 잘못으로 추가 티켓을 받을까 봐 안절부절못하며 운전하느라 얼마나 힘든 일인지 나는 알고 있다. 십여 년을 조심하며 벌점 없이 지냈는데 오늘 이런 일이 생긴 것이다. 요즘은 곧 떠날 한국 방문으로 잔뜩 들뜬 기분이다. 다정한 친구와의 대화도 좋았다. 거의 텅 빈 고속도로에서의 운전도 즐거웠다. 그러면서 주저 없이 쌩쌩 달렸던 거다. 백미러로 뒤에서 번쩍이는 붉은 경고등을 보면서 아차했을 때는 이미 늦은 거라며 어이없는 웃음만 주체하지 못하고 있었던 거다.

무심한 남편의 옆얼굴을 쳐다보기만 하는데도 자꾸 웃음이 난다. 싱겁게 웃지 말라는 소리를 들으면서도 계속 키득대며 나오는 웃음이다. 내가 오늘 오후에 당한 일을 말하면 남편도 왜 자꾸 웃는지 알아 주겠지.

태어 날 때부터 계속 울기만 하는 공주가 있었다 했다. 그 공주의 웃는 모습을 보기 원한 임금님은 전국에 방을 붙여서 공주를 웃게 하는 사람을 부마로 삼겠다고까지 했었다는데, 오늘의 나같이 계속 웃어젖히는 공주가 있었다면 그 왕은 공주의 웃음을 멈추게 하는 사람을 부마로 구해야 하지 않았을까 하는 생각으로 또 웃음이 난다. 어쨌든 지금 생각해 보니 그 웃음으로 위기를 모면한 것이 틀림없다. 많이 웃으면 많이 행복해진다는 쇼펜하우어의 말이 그냥 지나가는 말은 아니구나 하며 또 웃는다.

살다보니 무슨 일이 닥쳤을 때의 사람들의 반응은 웃거나 짜증내거나 둘 중의 하나일 경우가 많다. 귀와 눈을 통해 다가오는 많은 일들에 가슴을 거쳐 나오는 반응은 거의가 둘 중의 하나다. 마음을 조금만 편안하게 여유를 갖고 지내다 보면 대부분의 반응은 웃어넘길 수 있는 것 같다. 하지만 때로는 어떤 재미있는 얘기도 가슴속에서 이글대는 불꽃을 견디지 못하고 심한 짜증으로 들릴 때도 있다. 가시는 눕혀져서 어릴 때는 부드럽기까지 하지만, 세워서 꼿꼿이 힘을 주면 찌르고 피를 흘리게 하기도 한다. 가시를 하나하나 뽑아내며 사는 사람이고 싶다. 남의 아픔도 나의 아픔같이 알아주며 살고 싶다. 장미는 가시 때문에 더욱 아름답다고도 한다. 하지만 요즘의 내 눈에는 조그만 오이꽃도, 샛노란 큼직한 호박꽃도 아름답다. 서로 다치게 하지 말고 함께 어우러져서, 찡그리지 말고 환하게 웃으며 사는 아름다운 세상을 꿈꾼다.

세상만사 한 마당의 꿈이라고들 한다. 해몽은 모두 다 각자의 몫이다. 도 아니면 모라고, 스스로 마음을 다져 잡으면 세상의 모든 일들은 온통 사랑스러울 뿐이라고 느낄 때도 있다. 마음먹기 따라서 얼마나 다른 결과를 가져오는 일상들인가. 다정도 병인가 염려하지 말고, 너를 향해 우선 웃는 마음을 키워 보리라. 웃는 얼굴에 침 못 뱉는다 했으니, 마주 돌아오는 미소들의 힘은 합동하여 큰 아름다운 세상을 만들 것이다.

할리우드 언덕

“와, 엄마 이 집이야! 바로 이 집이야!”

“그래, 그런 것 같구나.”

“야, 딱 네 스타일이다.”

일요일 오후 2~5시까지 ‘오픈 하우스’를 한다는 대답을 듣고, 아들아이와 함께 딸아이의 집을 보러 갔다. 동네도 딸의 일터에서 멀지 않고, 딸이 평소부터 마음에 들어 하던 곳이다. 정문을 들어선 순간, 우리는 시원한 녹색의 흔들리는 아름드리나무들과 맑고 고운 잎새들의 리듬에 할 말을 잃었다. 커튼도 없이 확 뚫린 응접실의 동쪽 유리창 밖으로는 짙푸른 소나무 잎이 드리워져 있고, 마주 보이는 언덕 위에는 할리우드에 있는 야외 음악당의 능선이 의젓하게 위용을 뽐내고 있다. 평화롭고 아늑하고, 어찌 보면 상냥한 미소까지 떠고 우리를 기다리고 있었다고 속삭이는 듯 했다.

그때, 우리는 알았다. 드디어 우리가 찾고 또 찾던 딸의 집을 찾았다는 것을! 창밖으로는 아래층, 위층 2개의 옥외 마루가 널찍하게 자리 잡고, 방마다 발코니가 딸려 있다.

지난 2년 동안 많은 집들을 보았지만 이렇듯 마음에 드는 집을 찾을 수 없었다.

집을 찾는 첫 번째 조건이 멋진 경치였던 딸의 꿈이 이루어진 것이다. 집에 돌아와 컴퓨터로 그 집을 보여 주며 설명하면서 남편의 마음을 정하게 하는 동안에도 난 여전히 들떠 있었고, 남편도 그런 내 태도가 뭔가 달랐는지, 별로 반대하지 않고, "그럼 오파매매계약서를 내 봐." 하는 거였다. 진작부터 사인 받아 갖고 다니던 계약서들을 전송하고, 수정 첨부 계약서도 전송하면서, 3명의 바이어원매자들이 경쟁하던 매매 건은 "축하합니다."라는 전화 한 마디로 우리 쪽의 승리로 결정됐다. 거래가 어찌될지 몰라 아빠 엄마와 함께 딴 집을 보러 다니던 중에 받은 전화 한 통은 딸아이의 예쁜 미소를 끝내기 힘들게 했다.

딸은 아직 미혼이다. 30도 지난, 요즘말로 골드 미스다. 자기 일을 많이 사랑해서, 하루 12~14시간 일하는 게 하나도 안 힘들단다. 텔레비전 쇼를 편집하는 수석 편집자다. 넓은 사무실에서 커다란 화면의 텔레비전 7대를 켜놓고, 촬영기사들이 찍어온 필름들을 쇼의 성격에 맞게 가위질하면서, 필요하면 자막도 넣고 배경 음악까지도 깔아 준다. 그걸 위해 틈이 날 때마다 로스앤젤레스 교향악단의 연주도 열심히 듣는다. 때론 60분의 쇼를 위해 100시간 분량의 필름이 도착하고, 그것을 1시간 분량으로 줄이는 일이 쉬운 일이 아니라고 한다.

"창의력! 엄마, 우선 창의력이 있어야 돼요." 라고 딸은 말한다. 창의력과 순발력이 있어야 좋은 쇼를 만드는 거라고.

최선을 다하고, 또 일을 사랑하는 마음으로 일한 대가는 최고였다. 2005년 9월 11일에 딸은 <어메이징 레이스>놀라운 경기로 에미상을 받았다. 영화가 오스카상으로 칭찬해 준다면, 텔레비전 쇼들은 에미상으로 칭찬을 해준다. 비교적 어린 나이에, 여자가 받기는 힘든 거라고, 오빠들도 칭찬을 얹어 주었다. "하는 길에 더 열심히 해서 12번만 더 받아라." 오빠들의 덕담에 좋아라 하며 어깨를 으쓱이던 딸이 얼마나 자랑스러웠던지….

대학원을 마치고도, 이 일이 하고 싶다고, 주급 $270.00로 시작한 편집 일이다. 에미상을 받은 후에 요즘은 주급이 $4,000.00 때론 $5,000.00로 오르니까, 세금이 장난이 아니란다.

회사를 만들고, 사무실 경비를 마구 떼어내도, 미혼인 딸아이의 세금은 무서울 지경이란다. 딸애는 "집을 사야 돼. 세금 덜 내는 방법이 필요해. 집 월부금밖에 날 도와줄 길이 없어."라며 20여 년 부동산 일을 하는 엄마에게 집을 알아 봐 달라고 부탁했다. 부동산에 나온 집들을 찾아보는 요령과 컴퓨터 비밀코드까지 알려 주고, 딸애도 찾고 나도 찾고, 괜찮을 듯 하면 직접 가 보았다. 하지만 내가 좋다 하면 자기가 싫고, 딸애가 좋다면 또 내가 맘에 안 들었다. 때론 집은 볼만한데, 골목이 맘에 안 들고, 우리 둘이 좋다 하면 남편이 또 아니란다.

집도 사람같아서 뭔가 서로 잘 맞는 인연이 있다고 생각하면서 20년을 일하고 있다. 하지만 이번 딸의 집 찾기는 너무 힘들었다. 쌘 피드로 바닷가에서 30년을 살고 있는 터줏대감이, 딸이 일하는 동네 할리우드 근처에서 집을 찾으려니, 그 동네 구석구석을 알 수가 없는 거였다.

내게 할리우드는 얼마나 낯설고 가슴 뛰는 곳이었던가. 딸이 그곳에서 일을 시작했을 때 "잘해 봐."라고 격려하면서도 그때 왜 나는 몰랐을까. 어쩌면 그곳에서 살아야 하리라는 것을.

이제 딸은 할리우드 언덕에 아름다운 집을 갖고 제 맘에 들게 꾸미며 혼자 산다. 가만히 두 손 모아 신께 기도 드린다. "서로 사랑하며, 함께 웃으며 살아 갈 딸의 반쪽을 어서 만나게 해 주십시오." 자기가 꿈꾸는 왕자님이 아직도 안 나타났다는 철부지 딸을 어떻게 도와 줘야 할지, 난 정말 모른다. 옛 희랍의 철학자 헤라클레이토스는 모든 것은 항상 변화하고 있다고 보았다. 딸의 왕자라는 기준도 변해서, 온달 장군 같은 낭군이라도 맞아 주면 좋겠다. 그리고 가까운 훗날 자기의 꿈인, 자기의 이름으로 만들어진 기록영화를 만들어서 많은 사람들이 보고 즐기면서, 좀 더 나은 내일들을 열어 가는데 공헌하는 자랑스런 딸이었으면 좋겠다.

일어나라니까요

살면서 가슴 설레는 시간을 얼마나 가질 수 있을까. 마음이 들떠서 두근거리는 설렘, 우리는 아무리 바쁘게 지내거나 힘들게 지내더라도 이따금 가슴 설레는 일들이 있어 살맛이 난다.

새벽 4시에 모닝콜을 받고 서둘러 나선 아침 여행길, 세도나로 가는 길이다. 세도나는 애리조나 중부에 위치한 작은 마을로 미국의 10대 관광지 중에서 항상 상위권을 유지하는 곳이다. 아메리카 인디언들의 성지이며, 지구상에서 가장 오래된 바위가 존재하며 성스러운 형상을 하고 있는 붉은 바위사암석가 빚어내는 절경을 볼 수 있고, 그보다 더 유명한 것은 보르텍스Vortexes라는 초자연적인 에너지가 흐르고 있어, 대자연에서 정신 수양을 하려고 모여드는 곳으로 명상센터도 있다. 또한 예술가들이 모여 사는 문화 메카로도 널리 알려져 있어, 많은 세계인들이 해마다 수없이 밀려드는 관광지이다.

5시면 출발이라고 모두들 서둘러 올라 탄 버스 안이다. 대부분의 사람들은 어제의 자리에 자리 잡았다. 커피를 마셔야겠다며 내려서는 사람도 있다. 모닝커피가 없으면 온 종일 몽롱하단다. 그런 말하는 사람들이 많아진 요즘이라 그저 쉽게 흘려듣고 아침 공기를 즐기고 있었다. 53명이 한 버스를 타고 움직이려니, 조용한 새벽이 무척 부산스럽다. 졸음 오는 눈을 살며시 감고 네 번째 다시 가는 세도나의 새파란 하늘과 진한 빨간색의 돌산과 흙들을 떠올리고 있다. 마침 그곳에는 눈이 올 예정이라는 예보가 있어 엘에이에서 못 보는 순백의 세상을 즐기려는 마음으로 설렌다.

"일어나라니까요."

옆자리에서 앙칼진 여인의 소리가 들린다.

"내가 왜 일어나야 돼요. 아무도 없어서 앉았는 걸요."

"내가 먼저 왔었다고요. 커피를 사러 갔다 온 거라구요."

"그래도 자리에 아무것도 없었어요."

똑같은 소리가 계속 이어진다.

곁에 있는 사람들은 아무 말도 하지 않고 그저 듣고만 있다.

"어서 일어나라니까요."

드디어 소리가 높아지고, 어제 앉아 있었던 자리라는 주장과 나이가 65세라는 으름장에 젊은 여인이 계속 투덜거리면서 뒷자리로 이동한다.

실랑이가 계속되는 동안 여행 안내인은 침묵으로 일관한다. 무슨 말을 할 수 있을까. 누구 편에 설 건가. 덕택에 15분은 늦게 출발한 버스 속은 더욱 컴컴한 듯하다. 편하다는 핑계로 관광회사를 따라 여행하기를 즐긴다. 운전도, 숙박도, 식사도 걱정 안 하고 창밖의 경치를 즐길 수 있어서 여유 있고 편안하기 때문이다. 아무리 다녀도 세상은 볼 것이 끝도 없이 즐비하다. 숲, 계곡, 수많은 빛깔의 꽃들, 건물들이 가는 곳마다 신기하게 새롭다. 하지만, 자연과 달리 사람들은 서로에게 주는 기분이 그다지 곱지 않을 때가 너무 많다.

앞자리에 서로 앉겠다고 우격다짐 하는 사람들, 일행에게 먹여주겠다고 오징어를 쭉쭉 찢어 앞뒤로 보내는 사람들, 과자 과일이 수시로 왔다갔다 한다. 그중에 제일 거슬리는 것은 짝짝 소리 내며 껌 씹는 소리다. 어쩌다 바로 뒤에서 이 소리가 들리면 골이 아파서 절절 매게 된다. 두통에 시달리다 보면 창밖의 경치도 제대로 들어오지 않고 피곤만이 무겁게 몰려올 뿐이다. 차라리 운전을 하며 조용히 클래식 음악을 들으면서 공상의 날개를 펴며 가고 싶어진다. 아름다운 음악은 사람을 얼마나 행복하게 하던가. 함께 가려는 배려와 예의가 아쉽다.

콜로라도 강을 건너면 애리조나 주. 우리는 어제 온종일 달려서 캘리포니아 주를 지나 네바다 주의 라플린에서 머물렀다. 지금 우리는 애리조나 주의 산길을 간다. 불빛도 없이 그저 컴컴하다. 피곤하니 주무시라는 방송이 있었고 거의 모두가 정말 잠을 자는 것 같다. 나는 가방에서 털실과 바늘을 꺼내들고 하나 둘 세면서 뜨개질을 시작한다. 연분홍 실로 덧버선을 짤 작정으로 갖고 온 가방이다. 여러 번 여행을 하다 보니 창밖만 보고 지내는 시간이 때론 아까워서 뭔가 손으로 할 것을 갖고 다니는 습관이 있다. 컴컴하니 책을 읽을 수는 없다. 뜨게질은 컴컴해도 숫자만 잘 맞추면 예쁜 무늬도 만들 수 있어서 얼마나 다행인가. 내일 모레면 크리스마스여서 오색찬란한 불빛으로 화려한 엘에이. 이곳은 애리조나다. 정말 컴컴하다. 주 예산이 넉넉지 않아 모든 것을 절약하며 지낸다고 한다.

아직도 해는 뜨지 않았는데 뭔가가 훤하다. 하얀 눈이다. 눈 위에 까맣게 보이는 키 작은 나무들. 해맑게 웃는 아기의 눈에 보이는 세상 만물들이 이런 아름다움들이 아닐까 싶은 깨끗한 정경이다. 소복이 잎새 위에 쌓인 눈들을 소담스레 들고 있는 나무들은 하늘의 솜씨로 장식한 크리스마스트리들이다. 알록달록 꾸민 우리의 솜씨로는 감히 비교할 수가 없는 걸작품들이다.

먼동이 트는 붉은 하늘과 함께 선잠 든 사람들도 깨어난다.

곧 아침식사가 준비된 식당에 도착할 것이라고 한다. 그러면서 안내인이 하는 말. "오늘 우리는 기를 받으러 세도나로 갑니다. 이제 곧 새해를 맞습니다. 여러분의 새해가 복되고 건강하기를 바라면서 가는 길 아닙니까. 하지만 너무 큰 기대는 마십시오. 그저 새로운 곳에서 과거의 기억들을 새롭게 개과천선하는 시간이 되십시오." 안내자의 말이 끝나기가 무섭게 옆자리에서 "어서 일어나라니까요"를 쏘아 붙여대던 여인이 냉큼 "아무렴요, 새롭게 개과천선해야죠." 라고 말을 받는다.

여행은 정신이 재충전되는 것이라고 하더니 그 말이 맞는 듯 했다.

웰빙 김치

어디선가 스며드는 김치찌개 익는 냄새를 맡으며 옛 기억에 잠긴다. 타임머신을 돌려, 겨울철 교실에 앉아있는 여고생인 나를 본다. 밖에는 흰 눈이 내리고 난로 위에는 수십 개의 도시락이 쌓여있다. 교실 안은 온통 익어가는 반찬 냄새들, 아니 김치 삶아지는 냄새로 진동한다. 아무도 불평하지 않고, 편안히 공부하고 있다. 그 특유의 김치 익는 냄새에서 우리는 다정한 가족적인 분위기를 즐긴다. 펼쳐놓고 먹는 점심시간은 화려하다. 도시락 뿐 아니라 재잘대는 여학생들의 맑은 소리들이 유쾌하다.

오랜 외국생활을 하다 보니, 이웃에게 폐가 될까 염려하며 냄새나는 음식을 조심하던 때가 있었다. 좋아하던 청국장은 우리 애들도 코를 막는 냄새 때문에 손을 댈 수도 없었다. 요즘에야 애들도 다 나가 살고, 두 내외만 있으니 별로 개의치 않는다. 하지만 오랜 시간 길들여진 입맛이 많이도 변했다. 예전의 싱그러운 맛이 제대로 느껴지지 않는다. 한국에서 먹던 한국적인 재료들이 아닌 탓인가. 맛도 세월 따라 변하는 듯하다.

한국을 대표하는 음식으로 김치와 불고기를 우선으로 꼽는 세상이다. 얼마 전 중국에서는 김치의 원조는 자기 선조들이라는 기사를 내보냈다고 한다. 세계 김치 시장의 75%를 일본이, 20%를 중국이, 그 나머지 5%만을 한국이 차지하고 있다고 한다. 김치로 대표되는 우리나라가 이렇게 당하고만 살 수는 없다. 김치를 배우겠다고 현해탄을 건너오는 일본 주부들에게 고마워만 할 수는 없는 것 같다. 뭔가 중요한 비밀은 감추고 있어야 하지 않을까. 살아있는 유산균이 풍부한 영양식인 김치. 몇 년 전 중국과 일본을 휩쓴 전염병에도 한국 사람은 전혀 아프지 않고 견뎠다며 아마도 매운 김치를 먹은 덕이 아닌가고 말하던 기억이 또렷하다. 우리가 먹고 증명하면서 사는 건강식. 요즘 여러 나라의 사람들이 관심을 갖고 찾는 음식이다. 입안에 뭉근하고 텁텁한 중국식 김치. 맨송맨송 뭔가 만들다 만 듯한 일본식 김치. 산뜻하게 입에 착착 감겨오는 우리의 김치 맛은 독특하다. 그 독특함을 살려서 세계시장을 점유할 날들도 멀지 않았다.

딸아이에게서 전화가 왔다. 김치를 만들고 싶단다. 재료도 다 사놨는데 간장을 못 구했다고 한다. 소금과 젓갈로만 담가온 내 방식으로는 이해가 안 되지만, 어느 책에선가 간장으로 김치를 담근다는 걸 읽은 적이 있다. 딸아이는 내 방식을 묻지 않고, 누군가에게 배운 대로 할 모양이다. 무엇보다 김치를 만들어 보겠다는 생각이 고맙다. 언젠가는 시집 갈 딸에게 비싼 혼수나 지참금 대신, 몇 가지 맛깔스런 김치 만드는 법을 일러 줘야겠다.

김치라고 한마디로 말하지만, 재료 따라 정말 많은 종류의 김치가 있다. 집집마다 들어가는 양념들이 다르다. 짠맛도 각기 다르다. 젓국들의 맛은 또 얼마나 독특한가. 첫아이 갖고 입덧할 때 먹어본 전라도 김제의 짭짤한 갓김치, 개성여인들의 보쌈김치의 맛은 지금도 잊을 수 없이 생생하다. 이렇게 다양한 김치를 만들 수 있고, 계절 따라 지방 따라 독특한 재료로 만들어 내는 한국 여인들이다.

현대는 국경이 별 의미가 없어진 때가 아닌가. 오며 가는 많은 방문객들에게 우리 고유의 맛을 알려줘야 한다. 갈비, 불고기의 맛을 잊지 못하듯이 김치 맛도 잊지 못하도록 해야 한다.

세계인들이 백세를 사는 날이 코앞에 다가와 있다. 백년, 그 오랜 동안 오로지 자기 음식만 고집하며 산다면 너무 지루할 듯하다. 조그만 한반도에서 반만 년을 이어온 김치 맛을, 웰빙 음식으로 내세우며 자랑하고 싶다. 공장에서만이 아니라, 어머니들도 조상 대대로 내려오는 엄마표의 손맛을 전승시키면 얼마나 좋을까. 김치 생각으로 입안에 침이 고인다.

빗장과 열쇠

전찻길이 중앙에 자리잡은 한길을 돌아, 들어서는 골목길 왼쪽에는 해장국 집이 있다. 그 골목의 중간쯤 왼편에 우리 집이 있다. 대문에 달린 설렁줄을 흔들어 주면, 좁다란 꽃길 안쪽의 중문에서 '땡그랑'하고 조그만 쇠종이 울린다. 이어서 누군가가 신발을 급하게 신으며 걸어 나오는 소리.

나를 반길 우리 식구 중 한 사람일 거다.

"누구세요?"

물어오는 소리 중에 어머니의 목소리가 제일 반갑다.

"엄마, 나야."

내 목소리와 동시에 빗장이 열리고 등 두드리며 반겨 포옹해 주시던 어머니! 내 초등학교 때의 귀가 길은 언제나 행복감으로 충만

했다.

빗장이 걸린 대문은 마음을 편안케 했다. 누군가가 집에 있다는 거니까. 대문을 열고 한참 걸어 들어가면, 두 개의 중문으로 갈라지는 우리 집과 외삼촌 집이다. 외삼촌 집 건넌방에는 외할머니가 기거하신다. 내가 가장 좋아하는 방이다. 무릎 베고 누우면 무궁무진 계속되는 옛날이야기들. 간간이 챙겨 주시는 강정이나 부침이들은 언제나 꿀맛이었다.

때론 영천과 주안에 사는 이모할머님들이 오셔서 며칠을 거하시기도 했다. 그런 날은 학교가 끝나면 헬리콥터라도 탄 듯 빠르게 달려 집에 오곤 했다. 빗장은 누가 열어 주실까도 궁금했고, 영천 할머니가 무쳐주신 나물들도 먹고 싶었고, 주안 할머니의 수수부꾸미도 생각만으로 기분 좋아지는 즐거움이었다. 달걀귀신, 돌다리 싸움, 낙랑 공주와 호동 왕자, 삼국지의 제갈공명과 조조 이야기 등등 끝도 없이 이어지는 옛이야기들…. 세 자매 중 막내인 내 외할머니는 눈을 초롱이며 계속 졸라대는 나를 안고 계셨다. 친구들이 불러도 안 나가고 할머니들과만 지내는 며칠 동안은 꿈과 현실을 오가는 무릉도원이었다. 잠들기 전 깊은 밤이면 세 분 할머니와 함께 마당에 나가서 다들 들어 왔냐고 물으시고 대문에 빗장을 채웠는지 확인하러 갔다 오는 행차도 재미있던 기억이다.

핸드백을 뒤져 열쇠를 만져본다. 정문, 부엌문, 뒷마당으로 나가는 패디오 문들이 잠겼는지 다시 만져보고 문을 닫는다. 핸드백 속 한 부분은 무거운 열쇠가 들어 있다. 때론 무심코 던져놓은 열쇠 꾸러미가 쉽게 찾아지지 않아 당황하기도 한다. 아들딸의 집 열쇠까지 매달린 열쇠 뭉치는 묵직하다. 차와 집의 열쇠는 따로 하는 게 안전하다지만 몇 십 년을 함께 매달고 다니던 걸 떼어 놓는 게 쉽지가 않다. 행여 필요할지 모르니까 하면서 차 열쇠도 두세 개는 매달고 다닌다. 집 밖에서 가장 중히 여기는 건 열쇠들이다. 텅 빈 집에, 때론 불 꺼진 컴컴한 유리창을 보며 싸늘한 집안에 들어서면 외롭다고 느껴진다.

아무도 없는 집, 그럴 때면 옛날 빗장 잠겼던 집이 그리워지고 그때의 가족들이 자꾸만 생각난다. 술래잡기하며 뛰어다니던 부엌 밖의 툇마루, 넘어져 피 난다고 소리쳐 울던 수돗가, 장독대 위의 큰 항아리 뒤에서 날 못 찾겠지 안심하곤 했던 그 옛날이… 전혀 옛날이 아닌 바로 어제의 일인 듯 선명하다. 할머니와 함께 살던 그 옛날은 대가족의 왁자지껄한 사랑의 안식처였다.

옷장 윗칸에서 춤추고 노래하며 박수치며 즐겁던 건강한 어린 시절을 지금 재현할 수는 없지만 텔레비전과 아이패드 앞에서 심취하여 시간 보내는 요즘의 어린이들에게 너무 미안하다. 자연으로 돌아가라던 루소의 마음을 충분히 이해한다. 대문에서 울타리 따라 피어나던 예쁜 꽃들로 철따라 가슴 설레게 하는 어린 시절을 보내게 하고 싶다. 앞마당에는 키 크고 튼실한 대추나무도 있으면 오죽 좋을까 하며 혼자 웃는다. 새집만이 아니라, 아이들의 놀이방도 그 나무 아래 지어주리라. 새집에서 알을 품고 있는 어미 새도 보여 주어야지. 그러다 어느 날에는 샛노란 새끼 새들을 초대해서 차 한 잔 대접하며 함께 즐기는 걸리버 소인국의 알콩달콩한 시간도 만들어 주고 싶다.

현관문의 자물쇠를 없애 버리고 빗장을 지르며 살고 싶다. 집안에는 누군가가 있어야 가능한, 그런 빗장 걸린 집에서 아기들을 키울 수 있다면 세상은 좀 더 살맛 날 것 같다.

장마철의 단상

내일이면 LA의 집으로 돌아가야 할 아침이다. 밤사이 세차게 내리던 비가 여전하다. 오늘도 많은 비가 내릴 거라는 일기예보가 있었다. 희뿌연 하늘, 창밖으로 보이는 이웃집 지붕 위로 빈틈없이 이어지는 빗줄기, 두드려 대는 빗소리가 귓가에 무겁게 들린다. 모기 창에 걸린 빗방울이 후드득 흘러내린다. 차가운 물방울이 쏟아지는데도 방안은 습기와 열기로 끈끈하다. 부채를 부쳐 보지만 성에 차지 않아 에어컨을 켠다. 이 와중에도 소쩍새의 울음소리는 연상 들려온다.

오전 중에 큰동서를 만나야 하고 그후 곧장 용인묘원의 어머니에게도 다녀와야 한다. 오후에는 친정 동기간들이 작은오빠네 모여 함께 저녁식사를 하기로 되어있다. 폭우가 그치지 않으니 걱정이 앞선다. 며칠째 쉬지 않고 비가 내리는데 오늘은 좀 그쳐 주면 좋겠다. 샤워를 끝내고 마른 수건으로 물기를 말리듯, 비가 그치면 아기의 뺨같이 깨끗하고 부드러워진 하늘에 무지개 색 스카프를 둘러 주고픈 마음이 든다.

큰댁에 들른 후, 더욱 굵어진 빗줄기를 마다않고 어머니의 묘지로 향했다. 무심코 눈을 끄는 강 같은 것이 있어 뭐냐고 물었더니 둑 밑의 개천이라고 했다. 물이 꽉 차서 커다란 양산을 받쳐 놓고 둑방 장사를 하던 곳들이 온통 물에 잠겼다는 것이다. 실개천이 흐르던 곳이 강이 된 것이다. 라디오에서 아나운서가 '폭탄 비'라고 표현한다. 19년 만의 큰비라니, 모든 차량들도 조심조심 움직이고 있다.

묘지에 도착했는데도 폭우는 그치지 않는다. 꽃집도 문을 닫고 휴업상태이다. 좋아하시던 커피도, 꽃도 준비할 수 없었다. 차를 세우고 혹시 비가 좀 잦아들지 않을까 기다려 봐도 빗방울은 점점 거세진다. 오빠는 혼자 잠간 둘러 보고 오겠다며 바지를 걷어붙이고 먼저 나선다. 차 속에서 그냥 기다리려니 이건 도리가 아니다. 어머니는 차디찬 땅 속에 계시고, 가끔씩 들른다는 오빠는 빗속에 나서는데 멀리 미국에서 어머니에게 인사드리겠다고 고집 부려 나선 나는 폭우가 온다고 차 속에 앉아만 있다니! 이럴 수는 없는 일이다. 비를 뚫고라도 어머니에게 가야만 했다. 흙탕물이 가득 찬 묘지

사이를 지나고 언덕도 넘어서 잠간이지만 어머니에게 인사를 드렸다. 쏟아지는 비도 맞기 시작하니 견딜 만했다.

서울로 돌아오는 길에도 폭우에 관한 뉴스는 계속되었다. 아침나절 우리가 지나 온 길이 지금은 통행금지라는 방송이다. 지금의 비는 양동이로 물을 쏟아 붓는 것보다도 더 많은 양이라고 한다. 여기저기서 범람하는 개천들, 흙 사태로 집이 무너지는 곳, 그 중에는 개천을 사이에 두고 동쪽은 말짱하고 서쪽은 둑이 무너져 온통 집들이 물에 잠겼다고 한다. 20여 년을 마주하고 제방을 쌓자, 못한다 하며 싸움을 하여 서쪽 마을의 반대로 제대로 제방을 쌓지 못했다는 한탄도 들려준다. 해마다 당하는 침수지역 주민들은 알면서도 그저 당하고 있다니, 이런 행정을 그저 한심하다고만 말하고 있어야 되는 건지 정말 이해가 안 된다는 방송을 한다.

이번에는 백 년만의 폭우라는 방송이다. 백 년 동안이나 보도 듣도 못하던 심한 비라는 것이다. 겨울에 며칠 동안만 겨우 비가 오는 LA에서 삼십 년 넘어 살고 있는 내게, 이런 폭탄 비는 갈증해소를 뛰어넘어 노아의 방주를 떠오르게 한다. 빗물에 씻겨 나가는 모든 더러운 것들을 보며, 내게 있는 모든 더러움들도 비를 맞으며 씻겨 내려 갈 수 있으면, 그럴 수만 있다면 얼마나 생활이 산뜻하게 즐거워질까 하는 생각만으로도 기분이 좋아진다.

남산 터널을 통과하고 명동 입구를 지날 때는 여고시절부터 맛있게 먹던 만두집에 들렀다. 따끈한 만두를 입에 넣으니 폭우도 흙탕물도 다 잊고 옛 생각으로 감회에 젖는다. 무섭던 비도 이제는 보통 비로 변했다.

작년에 서울 들렀을 때는 바쁜 일정들 때문에 어머니에게 인사도 드리지 못하고 되돌아 가서 어머니께서 많이 화가 나셨을 것만 같다는 생각을 했었다. 세월이 지날수록 더 그리워지는 어머니, 예전에 “너는 아마 청개구리 띠 아닌가 모르겠다.”며 웃으시던 어머니가 지금도 내 앞에서 그 말을 하실 듯하다. 나는 지금도 비가 오는 날이면 햇빛 쏟아지는 날들이 그립고, 햇볕 뜨거운 날이면 솔솔 뿌리는 빗줄기들이 정답게 생각되는 생뚱맞은 마음이다. 어느새 명주실처럼 부드러운 빗줄기로 변한 비를 바라보며 마음은 성급하게 나비되어 난다.

비는 똑같이 오지만 맞는 장소와 시간에 따라 아주 다른 감정을 이끌어낸다. 쉘부르의 우산이라도 쓰고 가는 듯 센티멘탈한 기분으로 한 손은 주머니에 찔러 넣고 한정 없이 걷는 외로움. 시동 끈 차 속에 앉아 앞창에 흐르는 물방울을 헤어 보는 텅 빈 가슴. 책방에 들러 시큼털털한 젖은 옷들에서 풍기는 냄새에 코 찡긋대며 선반에서 책들을 찾다가 무심코 고개 돌렸을 때 유리창 밖의 빗줄기 사이로 보이는 길 건너 빵집 속 불빛의 다정함. 비오는 날의 기분은 멀쩡하지는 않다. 이런저런 기억들과 선선한 체감이 때론 산뜻하다고 느껴진다. 지독한 폭우만 아니라면 긴 긴 한 달쯤의 장마도 견딜 만 할 것 같다. 장마철에 서울에서 지내면서 장마를 탓하는 건 바보 짓이다.

창을 두드리던 빗소리도 많이 잦아든 깊은 밤이다. 서울에서의 마지막 밤을 창밖을 두드리는 빗소리로 마감한다는 게 왠지 싫지 않게 느껴지는 것을 보니 장마에도 많이 익숙해졌나 보다.

코스모스 두 송이

세 살짜리 손녀가 세상에 태어나서 제일 처음 또렷하고 정확하게 한 말이 '꽃'이었다. 직장에 다니면서도 시간 날 때마다 함께 놀아 주면서 "이건 장미꽃이야. 예쁘지? 이건 수국이란다. 아주 크지?" 등등 중얼거리며 꽃을 보여 주고 만져 보게 하곤 했었다.

어느 날 갑자기 등 뒤에서 "꽃" 하는 소리가 들렸다. "엄~~, 압~~" 겨우 옹알이 수준이던 9개월 손녀의 입에서 꽃이라는 놀라운 말이 터져 나오는 것을 보고 얼마나 놀랐던지….

퇴근해서 돌아온 아들과 며느리에게 말하니, 믿을 수 없다는 듯 "엄마가 헛들으신 거겠죠."라고 흘려버린다. 그때까지 둥둥대는 가슴을 진정 못하고 들떠 있는 내 모습이 이상하게 보였던 게다. 뒤늦게 들른 할아버지의 품에 안겨 있던 손녀가 "꽃 꽃 꽃" 하면서 차례로 집안에 있는 꽃들을 손가락질 하며 말하는 것을 본 식구들은 모두 입을 벌리고 놀라워할 뿐이었다.

그렇게 터진 아기의 말문은 일취월장한다. 열 달 되었을 때 들른 마켓에서 "딸기"라고 말하며 손짓을 하자 점원이 놀라 "얘가 딸기라고 했나요?" 하면서 묻는다. 그리고 눈을 동그랗게 뜨고 한참을 쳐다보기도 했었다. 돌 때가 되도 한두 발자국 겨우 뗄 정도로 걷는 것을 무서워하면서도 손님들에게는 못하는 대꾸가 없이 종알종알 잘도 떠들어대는 귀염둥이였다.

어느새 세 살도 훌쩍 지나 예쁜 드레스 차려 입고, 노래하고 춤추기 좋아하고 "나는 공주야!"를 입에 달고 지낸다. 옷마다 꽃무늬가 있어야 좋아한다. 때론 꽃무늬가 없는 예쁜 옷을 사다 주면 속상해 한다. "꽃 없잖아~." 이 한마디면 끝이다. 어쩌다 꽃이 없는 옷이 생기면, 그 옷을 입히느라 여간 힘든 게 아니다. 목걸이나 핀이라도 꽃이 있는 것을 찾아서 붙여주어야 한다. '꽃' 손녀에게는 그렇게나 중요한 것이다.

달포 전에 유아학교pre-school가 끝난 후 남편이 손녀를 우리 집으로 데리고 왔었다. 때 이르게 일찍 핀 코스모스를 보더니 두 송이를 따 달란다. 그 꽃을 내게 보여 주면서 이렇게 말했다.

"할머니, 코스모스 예쁘지? 이것 봐, 분홍 코스모스야. 하나는 할머니 꺼, 하나는 내 꺼." 손님들이 오셔서 한참 분주한 시간이었다. 대충 "고마워"라고 말하면서 2개뿐인 꽃송이를 어쩌나 하다가 급한 대로 식탁 위에 있던 2개의 화분에 하나씩 꽂아 놓았다. 점심 식사 후 손님 몇 분과 길 건너 바닷가에서 한참 시간을 보내고 돌아왔을 때쯤엔 난 이미 코스모스를 잊어버리고 있었고 손녀도 투정없이 자기 집으로 갔다.

닷새쯤 지난 날 점심시간이었다. 오랜만에 남편과 함께 점심식사를 하는데 식탁에 있는 뭔가가 눈을 끄는 것이었다. 분홍 코스모스 한 송이. 깜짝 놀란 눈으로 남편을 쳐다봤다. "왜 그래?" 그이도 놀라 물었다. 분홍 코스모스, 손가락으로 가리키는 화분에는 생생하게 고운 분홍 코스모스가 우리를 보고 활짝 웃고 있는 거였다. 웬 코스모스냐는 눈으로 묻는 남편에게 "손녀딸이 꺾어다 준 꽃이 아직도 싱싱하네요." 라고 말하며 웃었다. 경황없이 바쁜 중에 받은 두 송이를 하나는 물이 촉촉한 곳에, 하나는 좀 마른 곳에 꽂아 놓은 채 잊고 있었다. 그중 물이 촉촉한 화분에 있는 꽃은 여전히 예쁜 그대로 꼿꼿이 피어 있었다. 그때서야 찾아 본 다른 한 송이는 바짝 말라서 색깔은 거무튀튀해져 있었다. 두 송이의 코스모스를 함께 보면서 마음은 천리만리를 달린다.

식사 후 차 한 잔을 앞에 하고 창 밖에서 흔들거리고 있는 꽃들을 보면서, 살아 있음의 기쁨과 슬픔을 함께 품은 듯 묘한 기분이 들었다. 같은 뿌리에서 따온 꽃들, 아무 생각 없이 꽂아 놓았던 그 꽃들.

옮겨 놓인 화분에 따라 달라진 오늘의 모습. 꽃뿐일까. 만물의 영장이라는 우리들은 어떤가.

30여 년 전, 미국으로 이민을 떠나기로 결심했을 때 우리 부부는 굳게 약속했었다. 누구든 하나가 한국으로 돌아가자 하면, 다른 하나는 꼭 반대하기로. 힘들어도 참아 내자는 약속이었다.

말도 안 통하는 곳에서 세 아이를 데리고 정착하기에는 모든 것이 힘만 들던 날들이었다. 남편이 보면 속상해 할까 봐 혼자 숨어 울기도 많이 울었다. 한인 타운의 아파트 2층에 세 들어 살던 날들이 생각난다. 애들이 신난다고 뛰기만 해도 아래층에서 뛰어 올라왔다. 한국에서의 버릇대로 노는 예쁜 애들을 그만 뛰라고 못 놀게 할 때의 속상함을 잊을 수가 없다. 그 덕이었나? 우리는 이리저리 융통하고, 시어머님의 보증으로 계를 일찍 타서, 이민 1년 10개월 만에 셋방살이를 면하고 태평양 바다가 출렁대는 바닷가 동네로 집을 사서 이사를 왔다. 30년이 지나도록 지금도 같은 집에 살고 있다. 누군가가 "어디 사세요?" 물으면 내 대답은 언제나 한 가지. "넓고 넓은 바닷가에 오막살이 집 한 채, 그 오두막에 살아요." 오막살이면 어떤가. 애들 맘대로 뛰어 놀고, 꽃피고 새 우는 예쁜 아침에 마주보며 맘 놓고 웃을 수 있는 곳인데. 뒤뜰에서 공놀이도 하고 자갈 뜰에서 물놀이도 하고, 큰아들이 친구 집에서 분양 받아 온 자그만 강아지도 길러도 되고. 조그만 행복들에 들떠 있을 때의 우리는 물이 촉촉한 화분에 놓여 있었던 것 같고, 버거워했던 어려움들은, 물이 메말라 있었던 것 같은 이치가 아니었을까.

그때는 차도 한 대밖에 없었다. 남편이 갖고 나가면 우리는 속수무책. 동네 마켓에서는 쌀도 두부도 안 팔았다. 한국음식이 필요하면 무조건 한인 타운으로 가야만 했다.

감기가 들어 눈물 콧물 줄줄 흘리던 어느 날이었다. 고춧가루 듬뿍 뿌린 콩나물 국 한 그릇만 먹으면 곧 나을 것 같은 기분이 들어도, 그 먼 한국마켓까지 갈 수가 없었다. 나에게만 그렇게 어려움이 있었던 것은 아니다. 우리 애들이 다니는 학교에 가 보면 한국 애들은 우리 애들뿐이었다. 말도 잘 안 통하는데, 얼마나 힘들었을까. 시간이 지나며 잘 지내게 되긴 했지만, 처음 학교에 가서 애들이 언어 때문에 겪은 어려움은 적지 않았을 것이다.

두 송이의 코스모스를 보면서 삶이란 것도 그런 것 아닌가 느껴진 건 웬일일까. 지금도 울타리 곁에 핀 코스모스는 바람에 산들거리며 아름답게 피어있다. 씨를 다시 뿌리지 않아도 저 혼자 해를 이어가며 싹 틔우고 꽃 피우는 온 동네의 귀염둥이다. 계속 관심을 갖고 돌보면 우리들의 삶도 저렇게 예쁘게 꽃 피울 것이다. 꽃과 나의 삶을 엮어 보는 한 순간이 이렇게 고마울 수 없다고 혼자 중얼거린다. 귀여운 손녀딸에게도 물이 촉촉한 화분 같은 좋은 환경을 만들어 주도록 해야겠다.

살아있어 고마워요

눈을 떴을 때 한 순간에 떠오르는 많은 얼굴들이 있었다고 한다. 자신은 관 속에 누워 있었고, 그 시신 앞으로 문상 온 사람들의 얼굴들. 슬픈 얼굴, 우는 얼굴, 어리벙벙한 얼굴. '아! 내가 살아 있구나!' 그때서야 이곳저곳이 쑤시고, 손가락 하나 까딱할 기운도 없다는 사실을 깨달았다고 한다.

2년 전부터 등산을 시작한 남편은 주말이면 남가주의 높은 산을 찾아다니며 생기있는 생활을 하고 있다. 1만 피트약 3,300m가 넘는 높은 산들. 산하신토10,800m, 볼디10,064m, 샌 고고니아11,400m 등등의 백두산2,744m보다 높은 산들을 찾아 등산을 다니는 것이다. 오르는 길은 무척 힘들지만, 수십 년 산을 타고 즐기는 동문 그룹과 함께 그들의 도움으로 정상 정복의 기쁨을 만끽한다고 희색만면이다.

눈이 쌓이면 길도 보이지 않는다. 푹푹 빠지는 눈 위에 길을 만들며 올라간다. 아차 한번 실수하면 굴러 떨어진다. 칼보다 날카로운 돌에 부딪히기도 하고 굴러 떨어지는 돌에 맞아 다치기도 한다. 어느 곳에서건 크게 다치면 당장 도움 받기도 힘들다. 날씨는 춥고 누운 곳은 쌓인 눈 위, 그렇게 몇 시간 지나면 짧은 겨울 해는 기울고, 꼼짝없이 동사하게 된다고 한다. 이런저런 위험 부담을 감수하면서 샌 고고니아 산 정상에서 야영을 하기도 했다. 산에 오르기 위해 필요한 장비들을 사들이며 좋아하는 남편의 모습이 소년 같았다.

새벽 6시면 떠나는 남편을 위해 나는 때론 4시 반에 일어난다. 도시락을 만들고, 뜨거운 차와 커피를 보온통에 담아 넣는 것도 큰 일이다. 산에 가면 식는다는 걸 다 알면서도 전을 부치고, 졸이고, 끓인다. 기온이 낮은 곳에서는 부드럽고 따뜻한 음식이 몸에 힘이 되어 무사히 등산을 즐기고 돌아오기를 바라는 마음에서다.

달포 전에 "선배님 계십니까?" 로 시작된 전화가 왔었다. 남편의 등산을 부추기며 등산을 함께 다니는 후배였다. 오늘은 어디로 가셨느냐는 물음에 모른다고 대답했다. 잠시 후의 그의 대답은 황당했다. "아니, 어디 가셨는지도 모르면 어쩝니까? 그러다 사고라도 나면 어떡하시려고요. 어디 가셨는지 알아야 시체라도 찾을 것 아닙니까." 무례하고 거침없는 후배의 말투가 너무 놀라웠다. 아침에 환한 얼굴로 떠난 남편은 지금쯤 산에서 힘들어하고 있을지도 모르는데 느닷없이 시체 타령이라니. 어떻게 그런 말을 해댈 수 있나. 남편이 산에 오르는 날은 그렇지 않아도 조마조마한 마음으로 기다리는데….

그 날따라 밝은 얼굴로 문을 열고 들어서는 남편을 꽉 끌어안으면서도 가슴속에는 풀리지 않는 무거운 돌덩이가 남아 있었다. 버나드 쇼가 묘비에 남긴 말처럼 우물쭈물하다가 세상 모든 사람은 시체가 된다. 조심성 없이 함부로 말을 내뱉던 그 후배에게 정나미가 떨어졌다. 뒷날 그 말을 하는 내게 남편은 말했다. "그건 맞는 말이야. 아차 순간에 큰일 치르기도 하지."라고 했다. "알면서 왜 가요? 이제 등산은 그만 다녀요."라고 간청했지만, 남편의 등산은 계속되었고, 나는 여전히 행선지는 묻지 않는다.

어느날, 오후 서너 시면 들어서던 남편이 7시 반이나 되어서야 문을 열고 들어왔다. 한나절 사이에 반쪽으로 홀쭉해진 모습이었다. 꾸부정하니 똑바로 서지도 못했다. 호들갑 떠는 내게 머리를 만져 보란다. 피는 안 났다. 여기저기 애기감자만한 부은 자리가 만져진다. 자주색으로 보이기는 하지만 피가 밖으로 배어 나오지는 않았다. 남편은 더 이상 아무 말도 안 하고 그 날은 지나갔다.

며칠 후에야 사고에 대해 말해주었다. 혼자서 먼저 하산하던 길에 뭔가를 찾느라 45도쯤 몸을 틀었는데 그것이 문제였다고. 떼굴

떼굴 여기저기 부딪치며 굴러 떨어진 후 30분쯤 정신없이 쓰러져 있었단다. 간신히 눈을 떴을 때는 꼼짝할 수도 없었다고 했다. 손을 더듬어 보니 머리 뒤쪽은 커다란 바위, 자기는 차가운 눈 위에 누워 있었다고 했다. '천우신조로 살아있구나.' 다행히 손발은 움직일 수 있었다. 겨우 베이스캠프에 도착한 후에야 천 피트330m쯤 굴렀음을 알게 됐단다. 그때에서야 옷 속에 가득 들어있는 눈덩이들도 느껴졌다고 했다.

병 문안차 방문 온 닥터 리와 대화하는 중에 삶의 마지막 순간은 어떤 걸까 이야기를 나눴다. 내 친구중 하나는 자기가 이제는 죽는구나 하고 알면서 죽고 싶다고 말하곤 한다. 닥터 리는 그런 건 불가능하다고 고개를 젓는다. 마지막 순간에는 짧은 시간에 많은 일들이 순식간에 회상되어 지나치긴 하지만 '이제 죽는구나.'를 알지는 못한다는 것이다.

자신의 장례식 장면을 떠올리며 깨어나 돌아온 남편을 포옹하며 살아와 줘서 고맙다는 감사의 말을 했다. 사람이 살아있음은 자유롭게 움직이며 활동하는 것이다. 살아있음을 감사해야 하리라.

삶이란 무한한 은혜요, 감사함이다.

아침

햇빛이 눈부시게 찬란하다. 눈앞에 등대 집의 유리창이 금빛이다. 뒤돌아 팔로스 버디스 언덕을 올려다보니 수많은 집들이 황금 유리창으로 반짝이고 있다. 좀전에 떠나온 우리 동네의 집들도 금빛 창이다. 쏟아지는 햇살이 천지사방을 순식간에 화려한 금빛 옷으로 갈아입히는 장엄한 순간을 지켜보면서 가슴이 터질 듯한 감격을 느낀다.

며칠 동안 날씨는 잔뜩 흐렸고, 때론 비가 오기도 했던 아침이었다. 우산을 손에 들고 들락날락 하면서 못내 망설이다 집안으로 들어서기도 했었다. 어쩌다 날씨 때문에 아침 산책을 못하게 되면, 왠지 그 하루가 찌뿌드드하게 미진한 기분이다. 오늘은 산행을 떠나는 남편의 도시락을 준비하느라 새벽 6시가 아닌 7시, 좀 늦은 시간에 아침 산책을 나선 것이다.

새벽부터 도시락 준비하느라 피곤했으나, 달려 나온 길에 만난 황금빛 아침이다. 동쪽 바다의 엠파이어스테이트 빌딩 꼭대기쯤에 있는 아침의 해. 얼바인 앞바다에서 내가 걷는 포인트 휘민 공원의 기슭 아래 조약돌에까지 찰랑대며 투영되는 해 그림자… 이런 장관을 만날 수 있는 시간에 때 맞춰 도달할 수 있었으니, 얼마나 행운인가. 절벽 아래 널찍한 바위 위에는 물개들이 그득히 엎뎌 있다. 좁고 뾰족한 바위는 거의 비어 있는데, 오늘은 대여섯 마리가 그 위에 있다. 그 좁은 바위에 7마리가 꽃잎 같은 모양으로 둘러 있던 날이 있었다. 매번 바라봐도 텅 비어 있더니 드디어 오늘 그 집에도 방문객이 있는 것이 매우 기쁘다.

'아! 참 아름답다!'의 준말이 아침이라고 풀어주던 선생님이 계셨다. 모든 사람의 아침은 정말 아름답다. 어제와 오늘이 매양 똑 같다고 말한다면, 그건 어불성설이다. 어제는 이미 지나간 것. 오늘은 싱그러운 새 소리, 반짝이는 이슬, 통탕대는 가슴의 들뜸같이 많은 가능성을 가지고 내 품에 안겨온 선물이다. 촌음을 아껴 쓰라는 성현들의 말씀, 헛되지 않게 귀하게 새겨야 할 것이다. 아침이 있어 하루가 열린다. 가슴이 트인다. 맑은 눈으로 보는 세상은 날마다 새롭다.

"This is the sun rise. Isn't it beautiful? I like it."

"이것은 해돋이입니다. 아름답지 않습니까? 나는 해돋이를 좋아합니다."

5살 손녀가 지난 일요일에 우리 집에서 잤다. 강아지도 봐야 하고 할아버지 나무들도 봐야 된다고 떼를 쓰며 월요일에 학교 수업이 없다 해서 함께 왔었다. 밤늦도록 놀다가 콜콜 자는 손녀를 깨워서 함께 먼동 트는 장관을 보러 갔었다.

"할머니. 와! 무지개보다 더 예쁘다!" 30분쯤 걸려 도착한 공원의 동쪽 하늘은 빨갛고 또 황금빛, 파도는 출렁이고 있었다. 물결은 여러 모양의 그림을 그리며 일방통행으로 우리를 향해 오고 있었다. 잠시도 쉬지 않고 뛰어 다니고 울타리에 매달려 하늘을 보고 바다를 보며 마냥 즐거워했다. 집에 돌아와서 크레용과 종이를 달라더니 곧 뭔가를 그리기 시작했다. 반쯤 눈 감은 흰 고래. 크게 몰려오는 물결들, 야자수, 황금빛으로 빛나며 붉은 빛을 띠기 시작하는 푸른 하늘, 그리곤 써내려 간 것이다. 이제 1학년이라 자기 마음대로 쓰지는 못한다. 스펠링이 틀려도 괜찮다고 선생님이 그냥 말하고 싶은 대로 써보라고 했단다.

손녀에게 해돋이를 보게 해준 것은 참으로 잘한 일이다. 언제 다시 올 수 있나 손가락을 꼽아보는 모습이 귀엽다. 토요일이면 주말 한국학교에 한글을 배우러 가느라 바쁘고 일요일은 주일학교 참석하느라 바쁜 5살짜리 1학년이다. 언제쯤이면 시간에 구애받지 않고 자연과 더불어 놀며 천심을 동심에 심어줄 수 있을지 헤아려 본다.

어린이는 인생의 아침이다. 뜨거운 정오와 노을 비끼는 황혼의 시간이 기다리고 있는 하루의 시작이다. 시작이 좋으면 끝도 좋으리라.

아가야, 네 살아갈 하루가 오늘의 아침처럼 환하고 꿈에 부푼 나날들로 행복하기를 이 할머니는 바란단다.

생명 찬가

시간만 나면 텔레비전 앞에 앉아 있는 중이다. 벅찬 가슴은 내 귀에도 들리게 쿵쾅거린다. 33인의 광부들이 68일이나 갇혀있던 700m 지하에서 드디어 피닉스란 구조 캡슐을 타고 지상으로 올라오고 있다. 69일 만에 만나는 하늘과 바람과 사람들. 그들은 짙은 색안경을 쓰고 지상으로 올라온다. 지하의 어둠에서 지낸 68일을 훌훌 벗기에는 몸이 잘 적응하지 못하리라는 염려로 앰뷸런스까지 준비하고 의료진들이 대기하고 있다. 그중에는 세베스티안 피녜라 대통령 내외도 함께 있다. 에바 모랄레스 볼리비아 대통령도 다녀갔다 한다. 지금 LA시간은 10월 13일 오전 10시 46분. 18번째의 광부 에스테반 로하스의 지상 도착을 기다리고 있다. 31분 36초. 째깍–37초. 초침은 쉬지 않고 앞으로 간다.

칠레의 코피아포 시에 있는 산호세 광산, 지난 8월 5일 매몰 당시 많은 사람들은 구조가 무척 어려운 지점이고 살아있기 힘들 거라며 계획을 포기하려 했었다. 가족들의 만류로 계속 파들어 가던 중, 17일 만에 곡괭이 끝에 딸려 나온 쪽지가 발견됐다. "우리 33인은 모두 살아있고 건강합니다." 탄성! 환성! 뜻이 있는 곳에 길이 있다 했던가. 구출을 위한 준비가 쉽지 않았지만 계속됐고 다행히 그들은 잘 견뎠다. 사방 7m의 좁은 공간 안에서 33명의 장년 남자들이 질서 정연하게 일과를 분할하며 지낸다는 보고는 아름다웠다. 내려 보낸 카메라로 촬영도 해서 외부로 보내 소통하며 지냈다.

그들은 광부다. 먹고 살기 힘들어 이웃나라 볼리비아에서 온 카를로스 마마니는 광산에서 일을 시작한 닷새 만에 변을 당한 거다. 그를 만나러 대통령도 국경을 건너왔다. 그들은 정치인도 교수도 아닌, 평범한 사람들이었기에 결국은 똘똘 뭉쳐 견뎌낸 것이다. 따지고 계산하기보다는 신에게 의지하는 신앙의 힘으로 뭉쳐 있었다고 한다. 그중 누군가는 말했다. "우리는 33명이 아니라 34명이었다. 왜냐하면 하나님은 한 순간도 우리를 떠난 적이 없었고 항상 함께 계셨다." 칠레는 국민의 87%가 기독교인이다. 어찌할 수 없을 때 붙잡고 구하면 함께 하고 도와주시리라는 근본 신앙을 갖고 있는 그들이었다.

오전 10시 50분. 드디어 18번째로 구출된 에스테반의 반팔 티셔츠 왼쪽 소매에는 Jesus란 다섯 글자가 선명히 찍혀 있다. 사경을 헤맬 때 억지로라도 용기를 주는 존재라면 누가 됐던 고마운 일이다. 그들에게 힘이 되어주신 분은 고마우신 하나님이셨다. 지상에서 기다리던 부인을 그저 바라본다. 무릎 꿇고 성호를 긋는 에스테반. 기다리며 둘러선 사람들에게 포옹하는 지친 몸짓. 곧 들것에 실려 담요를 덮고 구급차를 타고 의료진이 대기하고 있는 곳으로 인도된다. 그가 떠난 후 많은 사람들이 오랫동안 부인을 안아주고 있다.

31살의 플로렌스 아발로스는 그곳에서 카메라맨으로 불리던 건장한 광부다. 그가 제일 먼저 불사조를 타고 올라왔다. 가장 건강한 사람을 먼저 태우기로 했다. 산소마스크까지 끼고 지름 53cm, 높이 4m의 좁은 피닉스를 타고 1초에 1m씩의 느린 속도로 올라오는데, 도중에 생길 수 있는 불상사를 견뎌 낼 사람으로 그가 선택된 것이다. 그는 성공했고 그 후에는 일사불란, 오후 9시 56분에 33명이 다 올라왔다. 전날 밤 11시 20분에 시작해서 22시간 30분 만에 끝냈다. 기적! 인간승리! 비극에서 축복으로! 온갖 표현으로 환호한다. 그들은 살아서 나갈 수 있다는 희망 하나로 버텼다고 한다. 마지막으로 올라온 알베르토 우르주아. 그 속에서 리더로서 광부들을 이끌어 온, 끝까지 남아서 광부들을 모두 올려 보내고 지상에 도착한 사람, 정말 장하다. 대통령 내외와 포옹하고 국가를 부르고 풍선을 띄우고 이제는 감격시대다. “치치치! 레레레! 칠레 비바!”모두 함께 부르는 환호의 구호다. 오랜 시간 동안, 이 지구상의 가장 유명하고 다정한 구호가 되리라.

다 이루었다는 지금, 내가 구태여 텔레비전을 볼 필요는 없다. 하지만 나는 아무것도 못하고 앉아있다. 그들만의 기쁨이 아니고 진하게 안겨오는 나의 기쁨을 느낀다.

2010년이 시작되는 새해 벽두. 1월 12일. 7.0진도의 아이티 지진. 아직도 이렇게 가난한 나라가 있구나 놀라며 바라보던 참담한 현장이 기억된다. 23만여의 사상자가 있었다. 곧이어 2월 27일. 칠레에 8.8진도의 지진. 듣기만 해도 아찔한 강한 지진이었다. 지난 달 아이티 지진을 기억하며 칠레가 다 떨어져 나가는 건 아닌가 걱정했었다. “빈번한 화산폭발과 지진으로 단련된 준비성”이란 표현대로 700여 명의 사상자를 내고 마무리됐다. 그때의 잔잔한 감동을 주던 나라 칠레. 9등신 미녀의 체격처럼 날씬한 큰 키의 칠레. 오늘, 10월 13일에는 33인 광부의 생환을 보며 “칠레여 고맙습니다.”를 중얼거린다.

생명의 아름답고 귀중함을 생각하면, 우리 인생은 너무나 소중하다. 내 생명이 소중하듯 남의 생명도 소중하고 존귀한 것이다. 33인의 광부의 생환은 세계인들의 걱정과 정성어린 노력이 있었기에 가능했던 인간 승리다. 다시 산 것이 그들뿐인가. 우리의 끈기 있는 용기와 불굴의 정신이 다시 산 것이다.

아직도 텔레비전 앞에 앉아있는 나는 인간 승리라는 감동의 드라마 한 편을 본 것 같은 하루였다. 귀하고 귀한 목숨을 하찮게 여기는 일이 요즘 너무나 많아 가슴 아프다.

소나무와 달

수박덩이 같은 보름달이 창밖 높은 곳에서 웃고 있다. 만월의 밝음이 몸속으로 퍼진다. 일 년에 열두 번은 볼 수 있는 둥근 달이지만, 선선한 바람결에 편안한 마음으로 올려다보는 추석의 대보름달이 좋다.

꽃망울의 유혹에 머리 숙여 향기 맡으며 눈길을 땅으로만 하는 봄의 유혹에 빠져 있을 때나, 뜨거운 열기로 땀 흘리며 짜증나는 여름밤을 지날 때는, 밤하늘을 올려다 볼 엄두도 낼 수 없었다. 더위도 가시고 꽃향기도 잦아들었다. 9월이다. 식탁에 소담히 쌓여있는 과일들이 마음을 푸근하게 한다. 가득하게 풍요로워진 마음으로 창밖을 보며 흐뭇해지는 날들이다.

파르라니 비쳐오는 달빛을 보며 가을을 가슴 가득 안아 본다.

어렸을 때 추석이 되면 어른들은 분주하게 움직이는 것이 보였다. 자녀들에게 추석빔으로 새 옷 마련해 주랴, 찾아오는 일가친척들 대접하랴, 매섭게 추운 겨울 따뜻하게 지낼 준비하랴, 손에 물마를 틈도 없이 부산히 움직이던 어머니 생각이 새롭다.

요즘은 추석채비도 세월 따라 많이 변했다. 추석빔, 그런 건 꼭 필요하지 않다. 오다가다 예쁜 옷들이 보이면 곧장 사주면 되는 걸. 겨울 김장, 김장독 구경도 못하고 자라는 아파트촌 아이들이 얼마나 많다고. "우리 애는 김치 못 먹어요." 자랑스레 말하는 신세대 엄마들이 아닌가. 서릿바람에 군불 때며 호호 불어대던 손이었는데 이제는 보일러만 돌리면 되는 시대가 됐으니 세상 참 많이도 변했다.

서울에서 인천 한 번 다녀오려면 하루해가 짧았는데, 이제는 부산 맛집에서 점심 한 끼 즐기고 돌아오는 하루길이 한나절이면 족하다. 그러면서도 "하루가 왜 이리 빨리 지나가지." 하며 바빠하는 사람들이다. 여유 있게 지내고 싶다고 이른 은퇴를 했다. 몇 주 지나지 않아, 직장 다닐 때보다 더욱 바빠져 있는 게 신기했다. 여기저기 쓸모 있는 사람이니까 다행인 줄 알라고 말들 하지만, 나는 어디 갔나 좌불안석이다. 나는 지금 내 인생의 사계절 중 성큼 다가온 가을을 맞으며 지내는 중이다.

사뿐히 창을 넘어 들어온 부드럽고 환한 달빛이 따뜻한 방 안에 오래 머물고 싶은가 머뭇거리며 떠나지 않는다. 푸근하고 넉넉해진 기분이다. 그렇지, 내가 바로 달빛 같은 여인이고 싶었다. 푸근하고 넉넉한 여인. 그런 건 그대로 꿈이었을 뿐인가. 둘러봐도 요즘 내게는 좀처럼 여유가 없다. 마음도 몸도 이리저리 끌려 다니기만 하는 것 같다.

달빛 환한 밤이면, 툇마루에 걸터앉아 그 달 속에 계수나무 세워 놓고 방아 찧는 토끼를 그리며 즐거웠었다. 계수나무를 모르는 어릴 때부터, 나는 소나무를 세워 놓았었다. 소나무는 한국 사람들에게 가장 친숙한 한국적인 나무다. 송충이를 잡으러 단체로 버스를 타고 산에 갔던 날도 있었다. "징그럽다" 고 비명을 지르면서도 견딜 수 있었던 건, 소나무는 우리에게 혜택을 베풀고 정신을 풍요롭게 가꾸어 주기 때문이었을 것이다.

사철 푸른 소나무라지만, 가을의 소나무 잎이 가장 눈에 잘 띈다. 다른 나무들은 단풍들어 색갈이 변하는데 홀로 변함없이 청청한 잎을 달고 있기 때문일 것이다. 달이 밝은 밤, 그 잎은 달빛 아래서도 진한 초록이다. 그 솔향에 익어가는 송편냄새는 30년을 넘어 LA에 살면서도 잊혀지지 않는다.

며칠 있으면 추석이다. 정성껏 송편 빚으며 추석을 맞고 싶다. 솔잎처럼 변찮고 싱그러운 색깔과 향을 품을 수 있도록 내 인생의 가을을 만끽하리라. 더도 말고 덜도 말고 보름달같이 푸근한 마음을 바구니에 가득 담아 쌓아놓고 겨울을 기다려야겠다.

2
인연은 운명처럼

인연은 운명처럼

12월 14일 일요일 아침, 나는 교회에 앉아 있다.

하나뿐인 언니가 어제 결혼했다. 함께 발장난 치며 잠 자고, 이야기책을 보며 웃고 울고, 예쁜 옷 서로 나눠 입으며 동거동락하던 언니이다. 오빠 둘과 막내 남동생 사이에 언니와 나는 찰떡궁합으로 영원히 같이 할 줄 알았는데 그 언니가 내 곁을 떠나 시집을 간 것이다.

교회의 높은 창을 통해 햇빛이 스며든다. 쓸쓸한 내 마음은 텅 빈 공간만 존재하는 듯하다. 누군가가 내 옆자리에 앉으려 주춤거린다. 쉬지 않고 나를 주시하는 것 같은 느낌이 들어 왼쪽으로 머리를 돌렸는데, 희미한 불빛 아래 나를 향한 싱긋 웃는 얼굴과 마주쳤다. 그 순간 가슴속으로 '툭' 하고 큰 돌덩이가 떨어지는 기분이다.

그는 하늘에서 백마를 타고 내게로 달려오는 왕자님 같은 모습이다. 가슴이 설렌다. 생면부지의 낯선 사람인데, 왜 이럴까. 출가한 언니로 인해 쓸쓸하던 마음은 어디로 가고 지금 내 마음은 온통 불붙는다.

얼른 몸을 의자 깊숙이 묻는다. 한 사람 건너 그가 있다. 잠시 후 그도 몸을 뒤로 하고 또 나를 향한다. 어쩌나. 허리를 굽혀 앞으로 고개를 숙였다. 곧 이어 그의 눈이 나를 바라본다. 뒤로 가면 뒤로, 앞으로 오면 앞으로, 계속되는 그의 짓궂음에 예배는 뒷전이고, 첫 인상의 설렘도 사라지고 짜증이 난다. 또 다시 텅 비어지는 마음으로 훌쩍 일어나 또각또각 교회 문을 나선다. 쫓아 나온 친구가 속삭인다.

"네 옆옆에 앉은 사람이 내가 말하던 사람이야." 얼굴이 마구 붉어지며, 벅차게 뛰는 가슴을 누르고 4층 친구의 사택으로 올라갔다.

참 이상하다. 어떤 이는 일 년을 보아도 낯설고 어떤 이는 보는 순간 그것이 어떤 형태이든 마음에 와서 깊은 인상을 남긴다.

친구는 교회의 전도사였는데 그녀 남편과 사택에서 지낸다. 중학교 때부터 또 다른 한 친구와 삼총사라고 불리는 단짝들이었다. 1년쯤 전부터 내게 소개하고 싶은 사람이 있다면서 "조금만 기다려." 라며 시간을 끌고 있어서 누구일까 궁금했는데, 좀전에 나를 바라보던 사람이 바로 그였다니. 그도 나만큼 궁금했을 것이다. 소개 받고 싶은 여자가 거기 앉아 있다는 말에 앉은 자리에서 힐끗거리게 되는 건 당연지사라고 생각을 하니 마냥 웃음이 나왔다.

남편과의 첫 만남은 그렇게 이뤄졌다. 그이가 바라볼 때 제일 먼저 눈을 끈 나의 매력은 화사한 꽃무늬 원피스 위에 얹혀 뽀얗게 반짝이는 두 손이었다고 뒷날 말해 주었다. 함께 본 첫 영화 <Sound of Music>을 관람할 때 살짝 잡아 본 손가락의 팔딱거리던 그 울림은 지금도 느낄 수 있다며 놀리는 남편이다. 슬며시 웃으며 쳐다보는 그 모습이 내 꿈 속의 왕자님이었듯, 뽀얀 내 모습은 그의 꿈속의 공주님이었나 보다.

그후 우리는 결혼했고, 아옹다옹, 평생 웬수, 때론 처절한 가슴앓이를 하면서도, 지지고 볶으며 수십 년을 살고 있다. 이젠 더 이상 살아갈 길이 안 보인다고 가슴을 칠 때면, 따뜻하게 떠오르는 그 날, 그 순간의 기억들을 회상하며 모든 것을 덮는다.

다시 태어난다는 이순의 환갑도 지나며 오랜 시간들을 함께 살다 보면, 참 아름다운 시간들도 많이 있었다. 우리가 할 말은 "그저, 고맙습니다, 그밖에 더 무슨 말이 필요하냐?" 고 어느 한 은사님은 항상 깨우쳐 주셨다. 일상의 따뜻한 감사와 벅찬 감격들도 남편과 함께 한 수레 위에 실려진다.

어떻게 하면, 그렇게 오래 함께 사느냐고 누군가가 물어오면, 한

가닥의 좋은 기억으로 산다며 웃는다. 좋은 사람을 어떻게 만나느냐고 다시 물어오면, 그런 인연은 운명처럼 다가온다며 또 웃으며 말해준다.

운명이 생을 덮치는 경험을 했던 사람들은 알고 있기 때문이다.

발바닥에 불났다

온종일 서서 음식 준비하느라 자정도 넘어서야 침대에 들었다.

'왜 이러나? 아프다. 발바닥에 불이 난다.'

뜨겁기만 한 것이 아니라 바늘로 콕콕 찌르듯이 아프다.

이번 주일 점심은 내가 차리겠다고 이름을 적어 넣을 때만 해도 별 걱정 없었다. 올해의 결혼기념일이 월요일이고 그 전날이 주일이라 내가 해야지 하며 혼자 결정한 일이다. 일 년이 금쪽 같았다면, 몇 십 년은 나도 모르게 그냥 지나간 것 같다. 수십 년이라니. 그렇게 오랜 세월이 흘렀나 하며 만감이 교차한다. 오랜 세월이 지난 게 틀림없는데 이상하게도 결혼기념일이 되면, 그 날은 그냥 결혼이란 그 한 마디 말로 점찍어지는 크로노스가 아닌 카이로스의 시간이 된다.

살다보면 꼭 기억해야 할 일들이 셀 수도 없이 많아져서 머릿속의 교통정리가 힘들어지기도 한다. 그러면서 아무리 많은 날들이 지나도 마치 어제 일인 양 눈앞에서 떠나지 않는 것들도 있다. 그리운 이름으로 만나서 서로 눈빛을 마주하고 체온을 따뜻이 기대게 된 우리는 여러 지인들 앞에서 결혼식을 올렸다. 되돌아보면 그 긴긴 날들이 그저 하루가 아니었나 싶을 때도 있다. 아침에 눈을 떴을 때 옆에서 싱긋이 웃어주는 얼굴, 아무 말도 없이 꼭 잡아주는 손길, 젖혀 버린 이불 덮어 여며주며 등 두드려주는 다정함… 그러면서 지낸 시간들이 어제가 오늘같이 그렇게 느껴지는 것이다. 내일에 대한 그 어떤 두려움도 없이 오늘을 보낸다는 건 축복이며 따뜻한 외투임에 틀림없다.

멋모르고 우아하게 지내던 신혼 시절, 7년은 꿈같이 아름다웠다. 그 후에 어린 삼 남매를 데리고 비행기에 올라 날아 온 미국 땅. 지금에야 고향인 듯 편안하게 느낄 때도 있지만, 처음에는 얼마나 낯설고 힘들었는지 적응하기가 쉽지 않았다. 그 처음의 시간들은 옛 말의 벙어리 3년, 귀머거리 3년, 장님 3년의 인고의 세월이었다.

온 종일 공장에서 재봉틀을 밟으면, 종아리가 퉁퉁 부어 무거웠다. LA에 첫 발을 디디면, 재봉 공장에서부터 미국 생활을 시작하며 앞날을 계획하는 게 정석이라는 사람들의 충고로 시작한 일이었다. 예쁘게 차려입고가져온 옷이 몽땅 파티복 같은 것들이었으니 시작한 바느질 일은 쉽지 않았다. 공업용이라는 괴물 재봉틀은 너무 살살 밟으면 움직이지 않고, 조금 힘을 주어 밟으면 눈 깜짝할 사이에 옷감과 손가락을 날려 보낼 듯 빠르다. 익숙해질 때까지 끈만 박으라고 해서 죽 죽 허리띠 끈만 몇 시간이고 밟아댔다. 이민 오기 전에 양재학원 다니면서 익힌 솜씨는 이때는 전혀 빛을 못 봤다. 많은 수량을 빠르게 해내야만 했다.

새로운 일에 익숙해진다는 것이 얼마나 어려운 일인가. 친지가 동부로 떠나면서 물려주고 간 재봉틀에 밤늦도록 매달려 있기도 했다. 퉁퉁 부은 발등에, 발가락은 더 많이 부어서 이게 정말 내 발인가 놀라기도 했다. 일어서서 걸으려면 감각도 없이 뭉퉁이며 뭔가가 마룻바닥에 무겁게 닿는다는 느낌이었다. 가까스로 침대에 누우면 그때부터는, 화끈화끈 발바닥에 불이 붙는 것이었다. 별다른 소방시설도 없이 깊고 깊은 심연으로 빠져 허우적이노라면, 어느새 잠이 들고 또 아침을 맞는다. 아침의 신기함은 저 혼자 불난 발의 불도 꺼주고, 퉁퉁 부은 발도 말짱하게 부기를 빼주곤 했다. 아침은 그렇게 언제나 새로운 시작이었다.

몇 달 후에 시작한 옷가게도 쉽지는 않았지만 발바닥이 불이 날 지경의 힘든 일은 아니었다. 이럭저럭, 초년고생은 돈 주고 사서도 한다는 옛 말이 고맙다고 느끼면서 살았다. 요즘같이 거액의 돈을 갖고 오는 이민생활이 아니었던 그 옛날에는, 서로 위로하며 함께 고생하며 지냈던 것 같다. 발바닥에 불이 날 정도로 힘든 시간들을 보낸 후에는, 어지간한 일들은 쉽게 해낼 수 있었다. 그 힘들어 하는 부모를 보면서, 감사한 마음으로 열심히 공부한 자녀들은 자기들의 삶에도 굳은 의지와 끈기를 갖고 노력하는 게 보였다. 얼마나 고마운 일인가.

오랜만에 사서한 고생 덕에 크게 감사함을 느끼며 흐뭇했다. 불이 날 정도로 발을 사용할 수 있어서 고마웠다. 작은 일이라도 발바닥에 불이 날 정도로 매사에 열심히 해야겠다. 누가 알까. 불 붙은 발바닥으로 당당히 앞을 향해 가면서, 누군가에게 그 뜨거움을 전해 줄 수 있을지. 뜨거움이 발바닥에서만 머물지 않고 온몸으로 들끓어 오르게 할 수 있을지.

송편 빚는 밤

비 개인 후 창밖의 달은 더욱 밝다. 눈썹같이 가늘더니 어느 틈에 창에 꽉 찬 만월이다. '아, 벌써 추석이구나. 올해는 꼭 송편을 빚어 봐야지.' 벼르면서 쌀가루도 사고 솔잎도 뜯어 놨다. 인터넷을 뒤져서 '송편 만들기'를 찾아 인쇄도 해 놨다. 비트, 포도로 예쁜 색을 내봐야지 벼른다. 날씨도 제법 쌀쌀해서 더더욱 서울의 가을 같은 기분이다.

친척들과 함께 하는 즐거움이 가득한 화기애애한 집안 분위기, 여기저기서 웃음소리, 소곤대는 소리가 멈추지 않던 시간, 그 시간들이 어제인 듯 눈앞에 어린다. 툇마루에 앉아 커다란 번철에 돼지비계 녹여서 밤새도록 빈대떡 부쳐대시는 엄마 옆에, 오빠랑 양옆에 붙어 앉아 따끈따끈한 빈대떡을 어쩌면 그렇게 맛있게 먹어댈 수가 있었을까.

며칠 전부터 들락거리며, 주씨 아주머니네 옷방에서 만들어 주신, 뒤에 예쁜 리본까지 달린 원피스를 입을 생각에 잠 못 들어 하던 들뜬 귀여운 소녀가 지금도 낯설지 않게 웃고 있는 듯하다.

매일 매일이 똑같은 눈뜸과 들뜸과 조용한 잠자는 시간들이지만, 휘영청 밝은 달 아래 하얀 밤을 보내는 추석 전야는 그 순간만이 오로지 존재하는 양, 가슴 벅찼던 기억이다.

비트를 삶아 끓인 물로 반죽을 한다. 손이 델 것같이 뜨거워 쩔쩔매며 치댄다. 진땀이 나고 어깨 힘이 다 빠지도록, 온 힘을 다해 꾹꾹 눌러 반죽한다.

나무껍질같이 버걱거리던 쌀가루가, 드디어 야들야들해져서 부드럽기가 마치 어린 아기의 볼기살 같아진다. 어깻죽지 힘이 쏙 빠지도록 송편 반죽을 치대는 그 짧은 시간동안, 눈앞엔 지나온 고생하던 시간들이 영상화면처럼 지나간다.

자정이 넘은 시간에 재봉틀에 손가락을 박아 그 속에서 부러진 바늘 찾으려고 남편이랑 절절매던 순간, 피는 똑똑 흘러내리고, 뭘 어떻게 해야 할지 겁만 났었다. 응급실을 찾아가기에는 상처가 그리 크지 않은 것 같아 안심했었다. 바늘 조각들을 맞춰 보니 뼛속에 남아있지는 않은 것 같아 들은 풍월을 읊듯, 재봉틀 기름 속에 손가락을 푹 찔러 박았다. 그후 손가락은 멀쩡히 치유되었다.

“쿵” 소리에 내다본 창밑에서는 네 살배기 둘째 녀석이 차문을 열고 나오고, 일곱 살 큰녀석은 뛰어가서 동생을 끌어낸다. 차는 차고에서 미끄러져 내려와 남의 집 차고 벽을 뚫고 정지되었고, 막내딸은 그래도 여전히 무슨 일인지도 모른 채 수돗가에서 소꿉 설거지를 하고 있다. 개구쟁이 둘째 녀석이 운전이 하고 싶었던 것이다. 좁은 뒤뜰에서 어린 세 아이들이 놀고 있는데도 그들을 돌보지 못해서 발생한 사고였다. 그 순간, 어미는 생존을 위해 몇 푼을 벌겠다고 재봉틀만 밟고 있었던 것이다.

“하나님, 감사합니다, 감사합니다.”

감사의 말이 저절로 넘쳐 쏟아져 나왔다.

뒤돌아보면, 어찌 한 순간순간들이 아슬아슬하지 않은 때가 있었던가. 그러면서도 ‘지금은 괜찮아, 내일은 좀 더 좋아질 거야.’ 하는 최면을 스스로에게 걸어가면서 견뎌온 지난날들이 참 대견하고 장하다고 여겨지는 요즘이다. 어려서 고생은 사서도 한다는 옛어른들의 말씀이 참으로 지당하다. 어느 사이 삼십 년 세월도 훌쩍 지나, 서울에 나가서도 빨리 집에 가고 싶은 마음이 드는 것을 보니 이제는 LA 사람이 다 된 것 같다. 사실 인생의 어려운 순간들도, 지나고 보면 송편반죽처럼 치대고 치대서 야들야들해지는 이치와 같다.

송편 반죽 한 조각 떼어 씹어본다. ‘됐구나, 맛있다.’ 참깨를 볶아 소금, 설탕 살짝 섞어 고명을 만든다. 아, 고소함. 혼자 식탁에 앉아 송편을 빚는다. 어릴 때의 그 시끄럽고 즐겁던 추석 전야가 눈앞에 삼삼한데, 나이든 주부로 오로지 혼자 앉아 송편을 빚으려니 괜스레 가슴이 메어온다. 요즘은 서울의 추석전야도 많이 달라졌다고들 한다. 송편을 빚는 집은 별로 없고, 필요하면 떡집에 맡기면 된다고 한다. 이제 머잖은 날에는 아마도 엄마의 손맛이 담겨있는 송편은 사라질 것 같다. 그보다는 '○○표 브랜드의 송편'으로 입맛이 변한 새 시대의 아이들이 전화 주문으로 배달된 송편으로 예쁘게 차린 상에 만족하며 살게 될 게 뻔하니, 더더욱 예전에 어머니가 만들어 주시던 그 맛과 닮은 맛을 흉내내보고 싶은 욕심이 난다.

솔잎 깔고 사이사이 분홍, 하얀 송편을 안쳐서 김을 올린다. 송편 익는 냄새에 혼자서도 마냥 들뜬다.

맛있는 송편 앞에 놓이면, 외로워도 홀로 충분히 행복해질까.

솔향이 은은한 부엌식탁에 수첩을 펼쳐놓는다. 하나 둘 점을 찍으며 초대할 친구들의 명단을 뽑아본다. 환하게 웃으며 옛날이야기를 같이 나눌 그 시간이 지금부터 즐겁다.

'온고지신溫故知新' 이런 말도 함께 속삭이지 못하게 된 내 아이들과의 거리가 파르르 떨다 홀로 떨어지는 가을낙엽같이 쓸쓸하다. 가을은 결실의 계절이라 스스로 느끼면서 아이들에게도 꾸준히 내 마음을 전하며 송편을 먹여줘야겠다.

직업과 이민 인생

"쎈츄리 21 B & P 사무실입니다. 내 이름은 장명옥. 무엇을 도와드릴까요?"

사무실의 접수대에서 일직을 서며 받아든 전화다. 부동산 중개인 면허를 받고 취직을 한 첫번째 직장이다.

"아, 마침 장 여사님이 전화를 받으시는 군요, 저 닥터 최입니다."

반가운 닥터 최의 전화로 하루의 시작은 산뜻하다. 이십여 년 전 그때는 부동산 중개를 하는 한국 사람이 많지 않았다. 집을 사려는 한국 분들은 말이 편한 한국인 중개인을 선호했다. 일간지에 광고를 내면 전화는 쉬지 않고 걸려 왔다. 손님들의 요구에 알맞은 집을 보여 주는 게 쉬운 일은 아니다. 우선 다달이 나오는 두꺼운 목록

책에서 원하는 동네에 적당한 가격으로 나온 집을 찾아내야 한다. 가능하면 손님들보다 먼저 보여줄 집들을 둘러본다. 매주 화요일에 중개인들은 위해서 새로 나온 집을 보여주는 'Broker's Open House'를 들러보는 건 상식이다.

닥터 최는 예쁜 여의사다. 남편도 의사인 젊은 부부다. 동부에서 공부 다 끝내고 LA로 이사 와서 집을 구하는 중이다. 주말에만 집을 볼 시간이 된다며 도와 달라고 한다. 오늘은 목요일이다. 그 당시의 토요일 일요일은 정말 바빴다. 이번 주말은 닥터 최를 위해 시간을 보내기로 했다. 목록 책을 가져다 보여줄 만한 집을 골라 그쪽 중개인에게 아직도 살 수 있는지 확인한다. 가능하다는 대답이 나오면 약속시간을 정해 놓는다. 때론 괜찮게 기억하던 집이 이미 팔려서 속상하기도 하지만 계속 전화하며 약속을 잡아 둔다. 열 개의 집을 골라 지도에 표시를 한다.

드디어 토요일 약속시간 5분 전에 정확히 닥터 최 부부가 도착했다. 스케줄을 보여주고 함께 집을 보러 나섰다. 도착한 첫 번째 집은 아담한 이층집이다. 디자이너가 잘 꾸며놓은 실내가 색깔도 우아하고 가구들도 단정하게 자리 잡고 있다. 수영장과 야외 바베큐 자리도 깔끔한 게 눈을 끈다. 차례대로 여섯째 집까지 보고 나올 때 닥터 최가 말한다. 자꾸 첫번째 본 집이 눈에 걸려서 딴 집들은 눈에 안 들어온다고. 꼭 그 집을 사고 싶다는 부탁의 말을 하며 웃는다. 이십여 년 전 그 당시로는 꽤 비싼 가격인 오십만 불짜리 집은 그렇게 닥터 최가 주인이 됐다.

하지만 모든 거래가 이렇게 쉽게 이뤄지는 것은 아니다. 때론 하루에 열 채씩의 집을 며칠 간격으로 여러 날 보여 주기도 한다. 심하게는 몇 달 동안 백여 채의 집을 보고서도 망설이는 경우도 있다. 어쩌겠는가? 맘에 드는 집이 없다는 데야 방법이 없다.

새로 시작한 부동산 중개 일은 재미있었다. 사무실에서는 우수 중개인 다섯 사람 중의 한 명으로도 자주 뽑혔다. 중개 수수료도 솔찮게 벌어들이며 바쁘게 지냈다. 그 돈으로 한국에서 사업이 안 풀려 고생하시는 시숙도 도와 드렸다. 그것도 제수가 번 돈이라고 말하는 남편 때문에 나는 공연히 쥐구멍만 찾았다. 장 여사님 찾으며 집으로 직장으로 걸려오는 전화가 젊었던 내게 낯설기도 했지만 면허를 받은 실력을 인정해 주는 고객들을 만나는 건 기분 좋은 일이었다.

어려서부터 집 그 자체에 관심이 많은 아이였다. 한국의 집들도 비슷한 듯 하면서 얼마나 다른지, 하다못해 대문의 빗장 모양도 다 다른 모양과 소리에 다시 보며 재미있어 했다. 분합 유리문의 무늬들도 제각기 달라서 예뻤다. 또 제각각 다른 모습으로 들어 올린 추녀 끝은 얼마나 신기했는지, 그 아래서 울리는 풍경소리는 천국의 속삭임인 듯 했다. 창호 문살의 격자무늬는 아무리 보아도 싫증

나지 않았었다.

그래서였나? 미국 와서 무슨 일을 할까 궁리할 때, 가장 하고 싶은 일이 부동산 중개인의 일이었다. 면허가 필요하다 해서 열심히 공부했다. 수학 문제들은 쉽게 풀리는 데 영어문제들은 대답이 거의 이현령비현령으로 느껴지며 정말 힘들었다. 고생 끝에 낙이 온다더니 드디어 그 면허를 손에 쥐게 되었을 때는 세상에 부러울 게 없는 듯 기뻤다.

이젠 전문적으로 집을 팔고 사게 하는 중개인이 됐으니 보는 눈은 더 세심해지고 집마다 꼭 집어 기억해야 할 일이 적잖았다.

나는 아마 성취욕이 많은 사람이 아닌가 싶다. 미국에 살면 운전면허증 하나만 있어도 편하다고들 한다. 그런데 나는 웬 면허증이 몇 개나 되는 건가? 운전면허, 부동산 중개인 면허, 집값 감정면허, 공인공증인 면허 그리고 페인트 회사의 면허까지 있다. 페인트업을 하는 남편의 요구로 나도 함께 면허를 받았다. 한 사람의 면허가 정지될 때를 대비하자는 의견을 존중해서 준비한 것이다. 때론 상상 할 수도 없는 일이 생기기도 하니까 유비무환이랄까? 사고 난 후 면허 없이 일하는 건 위험하니 그렇게 준비한 것으로 우선은 내 면허로 사업 중이다. 아직까지도 내 면허가 중지된 적은 없는 걸 보면 꽤 괜찮게 되어 가는 것 같다.

사실 면허를 딴다는 것이 식은 죽 먹기는 아니다. 꼼꼼히 공부하고 꼬부랑글씨로 나오는 문제들을 하나하나 풀어 나가는 건 무척 힘든 일이다. 쉬운 듯 틀리기 십상인 선다형 문제들. 단지 운이 좋았다고 하기엔 공부하며 들인 공이 많았다. 더군다나 세 아이들을 키우며 하는 공부는 많이 피곤했다. 형설의 공을 쌓아 박사가 되었다고 축하하는 건 당연한 일이다. 면허 하나 따고도 땀을 흘리고 몸이 휘지는데 그 어려운 박사는 오죽할까? 뒤늦게 박사 공부 시작한 남편의 모습이 보기 좋으면서도 속으로는 많이 안쓰럽다. 건강을 챙겨 줘야겠다고 스스로에게 타이르지만 나도 바쁘니 걱정이다.

손님들이나 저쪽 중개인의 전화를 받으면 저녁 밥 먹다가도 나가서 밤늦도록 거래상담을 하고 집에 올 때도 있었다. 때로는 남편이 함께 나와 차 안에서 기다려 주기도 했다. 휴대전화도 없이 아날로그 시절에 일하던 때였다. 사실 한번 집을 나가면 어디에 있는지 연락조차 하기 힘들 때도 많았다. 가끔씩 무서운 동네에서는 집을 보여주다 흉한 일 당하고 때론 목숨까지 잃는 일이 있는 세상이니 조심 또 조심해야만 했다. 어느 날 남편이 말했다. 좀 안전한 일을 할 수는 없겠냐고. 누구나 원하는 일에만 일생을 바치며 살 수는 없기에 나는 안전한 직장으로 옮겼다.

“○○은행입니다. 나는 장명옥. 어떻게 도와 드릴까요?”

따르릉 울리는 전화에 상냥히 대답한다. 숫자를 재미있어 하는 나는 은행 일을 시작했다. 가족들이 언제나 어디 있는지 알 수 있어서 마음 놓인단다. 공증 받을 일이 많은 은행 일을 위해 공인공증인 면허도 받았다. 가능하면 다정하게 웃으며 대하게 되는 시간이 많은 곳이 은행이다. 즐거운 일, 슬픈 일, 어려운 일 등등 대화할 사람이 별로 없는 핵가족 시대의 사람들이 많은 얘기를 하고 싶어 들르는 곳이기도 하다. 한 해, 두 해 세월 가는 줄 모르고 지내다 보니 어언 스무 해를 넘기고 있었다. 이제는 직장만이 아니라 내 생활도 즐기리라 마음먹고 이른 은퇴 선언을 했다.

그 후의 시간들은 가족에 얽매어져 때론 더 바쁘고 고되지만, 내 삶을 품어 안는 시간임이 틀림없으니 잔칫집이 흥겹고 바쁘듯 항상 나는 즐겁다.

풍요로운 여명

카타리나 섬과 쌘 피드로 땅 끝 사이 태평양의 거무스름한 물결이 잔잔하다. 눈을 들어 위를 보니 새하얀 반달이 웃고 있다. 수평선 위는 어느 사이 엷은 분홍색 허리띠를 띠고 있다. 동쪽으로 향해 가노라니 하늘은 점점 선홍색으로 바뀐다. 공원의 나무 사이로 찬란한 오렌지색의 둥근 해가 떠오른다. 점점 화려한 황금빛을 띠고 환하게 두 손 벌리고 온 하늘에 밝음을 퍼트린다.

아침이다!

30여 년을 바닷가 오막살이에 살아오면서 질리지도 않고 산뜻하게 맞이하는 아침 산책길이다. 직장에 출근해야 하는 시간에 쫓길 때는 새벽 5시 30분이면 문을 열고 나가서 그 싸늘한 바닷바람을 쏘이며 급하게 포인트 훠민 공원까지 한 바퀴 빙 돌아오곤 했었다.

족히 45분쯤 걸리는 거리다. 은퇴 후 요즘은 느지막이 나가기도 해서 더욱 편하다. 운이 좋은 날은 늦잠 자는 물개들을 만나기도 한다. 먼동의 따스한 빛에 한 자쯤의 길이로 그림자를 드리우고 기어가는 달팽이들을 보면서 2층 빌딩만큼 길어진 내 그림자도 즐긴다. 두 손을 얌전히 마주잡고 서서 기다리는 다람쥐들에게 땅콩을 집어주는 즐거움은 하루의 시작을 풍요롭게 해준다.

만 명의 사람들이 비를 피한다는 비유로 큰 나무를 묘사했다는 중국 사람들에게 오천 명쯤의 사람들이 햇빛을 피할 수 있다고 자랑하고픈 굵고 잎 넓은 고무나무도 여럿 있다. 사시사철 싸한 바닷바람은 언제나 신선한 아침을 안겨준다. 때론 바닷물 위의 등대로부터 물개들의 문안인사도 들려온다. 이른 새벽 중천에 달이 떠서 은파가 여전히 출렁일 때는 때론 그 하얀 파도의 포말들이 그림을 흘려보내기도 한다. 발레리나가 치마꼬리를 흔들며 지나가기도 하고 하얀 고래가 떼를 지어 출렁이며 지나가기도 한다. 바다에서 파도가 그리는 그림은 그 순간이 지나면 존재하지 않는 나만을 위한 천재의 화선지인 것이 틀림없다. 나 혼자만의 화사한 아침이다.

오늘따라 나만의 전망대에서 오래 머물고 있다. 턱을 받쳐 들고 울타리 위에 두 팔을 걸치고 서 있다. 파도만이 솨르르 솨르르 철썩이는 조용한 시간이다. 저 밑의 넓적한 바위 위에 물개들이 뒹굴고 있다. 며칠 전부터 새끼 물개들이 여러 마리 눈을 끈다. 이 세상의 모든 것 중에서 아기들은 종류를 불문하고 모두 아름답고 귀하다. 진정 천사의 선물인 것이 아닐까? 첨벙하는 소리와 함께 덩치 큰 예닐곱 마리의 물개들이 잠수한다. 잠시 후 일제히 물 위로 머리를 내밀고 쭉 둘러 선 형태다. 알았다는 듯이 조그만 새끼 물개들이 쪼르륵 바위 끝으로 기어간다. 엄지들이 까딱하며 머리를 흔듦과 동시에 훌쩍 물속으로 뛰어 든다. 신기한 눈으로 꼼짝없이 못 박혀 바라본다. 이게 무슨 일인가?

궁금하고 가슴 뛰는 순간이다. 쏘옥 머리들이 올라온다. 각각의 엄지와 아기 물개들이 짝을 이루고 마치 자랑스레 제 새끼를 보여주는 엄마들같이 뿌듯한 자세들이다. 서로 쳐다보며 내 새끼 장하다고 끄덕이더니 고개를 돌려 뿔뿔이 태평양 바닷속으로 산책길을 떠나는 듯하다. 아니 아침 식사하러 식당 찾아 메뉴 고르러 가는 중일까?

바쁘게 시간 챙기며 걸어 다니던 길이다. 곁눈질로 너 거기 있구나 하며 슬쩍 미소만 보내고 지나치던 물개 동네의 그들이었다. 이 아침의 그들은, 놀라운 삶의 환희를 뜨겁게 안겨준다. 어느 세계에도 삶의 지혜는 어른들의 몫이라고 끄덕여 본다. 윗물이 맑아야 아랫물도 맑다는 옛말이 떠오른다. 깊이 생각하며 다시 새겨들어야 할 말이다. 어른의 자세를 제대로 갖추고 살아가야지 하며 다짐해 본다.

얼마 전부터 야생 고양이들이 머물던 울타리 넘어 큰 나무 밑 움막집에 알록달록 줄무늬가 뚜렷한 티셔츠를 걸친 뚱보 라쿤들이 쳐들어와 살고 있다. 야생들에게도 자기들만의 영역분쟁이 있는 듯하다. 끼리끼리 뭉쳐서 이곳저곳을 차지하고 살고 있다. 밀려난 고양이들은 그 옆 선인장의 무리 밑으로 옮겨 머리 맞대고 옹기종기 모여 있다. 30여 년 전쯤에도 고양이들이 떼를 지어 울타리밖 여기저기서 살고 있었다. 그곳은 오랫동안 야생 고양이의 보금자리였다. 거기에 라쿤들이 몰려와서 한 자리를 뺏어 버린 것이다.

울타리 안쪽의 공원에는 키 큰 팜트리와 소나무들이 곳곳에 서 있다. 햇볕이 따스해지기 시작하면 다람쥐들이 부지런히 움직이기 시작한다. 산책객들에게 익숙하게 두 손 들어 인사하며 꼬리를 흔든다. 어쩌다 텅 빈 주머니인 날에는 멋쩍어 그저 손만 흔들고 지나친다. 계속 쫓아오며 졸라대는 녀석이 있을 때는 미안한 마음으로 짠해진다. 내일은 꼭 땅콩을 갖고 나와야지 다짐하지만 시간에 쫓겨 서둘다 잊고 나오는 날이 더 많다. 잊지 않고 언제나 주머니에 가득 땅콩을 챙겨 나오는 데니 아저씨는 만날 때마다 나에게도 한 움큼씩 나눠주는 인심 좋은 이웃이다.

바쁘게 잠간 걷는 새벽 산책길, 가끔씩 인사를 나누는 오랜 친구들도 반갑다. 하지만, 나를 미소 짓게 만들어 주는 아침에 만나는 친구들은 악수 한 번 나눈 적도 없는 물개와 고양이 그리고 다람쥐 또 라쿤들이다. 내 마음대로 인사하고 나만의 느낌대로 되받는 무언의 대화는 하루를 시작하는 기분을 풍족하게 해줄 때가 종종 있어 왔다. 함께 사는 세상이라지만, 세상 걱정 미뤄 두고 홀로 행복해지는 아침이 좋다. 그런 기분으로 시작하는 하루는 나만이 아니라 이웃의 누군가에게도 행복을 조금쯤은 나눠 줄 수 있을 듯하다.

한국의 영혼

한국 전통 음악회를 관람했다. 서울에서의 시간보다 더 긴 세월을 태평양을 건너 LA에서 살고 있다. 한국에서 살던 때도 한국 전통의 맥박과 정서의 뿌리를 제대로 모르고 살았던 것이 부끄러워진다.

공연이 시작되면서 25현의 가야금을 세 여인이 연주한다. 여인의 한을 그리움으로 빚어 놓은 정갈한 가락. 섬섬옥수로 한 줄의 금선을 퉁길 때 그 울림이 우리의 마음을 사로잡는다. 그 손은 오솔길을 다니고 때론 황혼과 마주 서기도 한다. 애절히 울리는 소리는 듣는 이의 애간장을 끊어 놓는다. 가야금은 우리 겨레의 영혼과 마음 밑바닥에 응어리져 있는 정서를 가장 잘 표현하는 악기 같다. 쓰다듬으며 연주하는 손끝에서 섬세한 여인들의 정감이 울려 퍼진다. 그

가락 속에는 신비하리만큼 맑고 고적한 한국의 넋과 애환이 담겨 있다.

화려하게 채색된 북이 놓여진다. 검은 치마, 노란 저고리, 하얀 고깔과 장삼, 그리고 빨간 리본으로 졸라맨 가녀린 허리. 쓰러져 밑바닥부터 훑어 안으며 이리저리 헤매는 한恨은 훨훨 날아도 나비 되지 않는다. 쌓이고 쌓이는 한을 둥둥 두드리며 시작하는 원풀이. 잔잔히 시작된 북소리는 두드릴수록 점점 강해진다. 그래도 풀리지 않는 가슴속 한을 어찌 못해 있는 힘을 다해 두드리고 불러내며 쉬지 않고 퉁탕댄다. 어느 사이 내 속의 한도 원도 함께 쿵쾅댄다. 가녀린 몸에서 어떻게 저토록 맹렬한 힘이 나오는 걸까 감탄한다. 하얀 버선코도 쉬지 않고 뛰어 다니며 힘을 북돋는다. 검은 치마와 어울려 새빨간 열정이 넘쳐나서 무지개처럼 찬란하게 빛난다. 북소리는 모든 시름을 멋으로 승화시키는 생명들의 가락, 그것은 바로 한국인의 생활과 정서의 리듬이다.

단풍이 빼꼼히 수놓인 검은 치마에 치자색 저고리가 고운 여인이 해금을 안고 단정하게 인사한다. "천안 삼거리 흥흥응흥…" 울려 퍼지는 가락, 고운 여인의 선율은 앉아 있는 그 자리를 순식간에 궁전의 뜰로 만들어 준다. 오른손의 현은 바이올린 활을 닮았다. 왼손에 들린 해금은 마치 옷 벗은 바이올린처럼 보인다. 숨기는 소리 없이 그대로 뱉어내는 울림의 소리가 깨끗하다. 움직이는 손가락, 그 예쁜 손톱들까지도 다정하다.

판소리다. 하고 싶은 말을 술술 풀어서 하늘을 보며 포효하고 땅을 치며 소리한다. 흥부전, 박을 타며 비는 말… 배고프지 않게 해달란다. 하지만 타진 박에는 두 개의 조그만 통들만 들어 있다. 이런 절망을 어쩌나. 그 통 위에 놓인 편지. 통들을 열어 보시오. 첫째 통을 열어 보니 쌀들이 와그르르, 둘째 통을 열어 보니 금은보화가 주르르르, 하루 종일 모아 보니 쌀이 일만 구천 석, 보석이 일만 구천 통이다. 성주풀이 때는 사물놀이패가 함께 어울린다. 좁은 공간 안에 쾅쾅 울려대는 소리, 우렁찬 혼이 속에 깃든 정서, 판소리 속에 뜨겁게 달아오르는 민족의 희로애락은 바로 한국 음악의 뿌리다.

여전히 앉아 있는 네 명의 남자들. 북 장구 꽹과리 징을 각각 들고 두드린다. 그저 두드린다. 그 손이 눈앞에서 쉬지 않고 움직인다. 뜨거워진 소리들이 귀를 꽉 채운다. 소리라면 피아노 바이올린 그런 악기들에만 익숙해 온 귀. 두 손 가득 펼쳐 피아노 건반을 힘차게 울려줄 때 그 소리에 감동되어 뛰던 가슴이었다. 그런데, 확연히 다른 소리다. 귀를 막아선 소리들이 몸 안에서 마구 춤을 춘다. 뜨겁다. 절절 끓는다. 소리들이 뛴다. 어떻게 하면 이렇게까지 온 몸의 세포들을 온통 깨워 놓을 수 있는 건지 놀라울 뿐이다. 그들은 그 자리에 앉아서 손으로만 두드리는 것이 아니다. 손끝에 온몸의

뼈 마디마디를 모아 놓고 오만 개의 신경 줄을 한 곳에 모아서 순간 순간을 깨우는 거다. 깨어나라고, 함께 하자고. 때로는 우리는 하나라고 속삭이기도 하면서 한 순간에 매몰차게 밀어붙이기도 한다. 마주하며 어울려서 춤추는 돌고래 떼같이 장내의 사람들은 으쓱거리며 흥에 겨워 신바람들이 났다.

그 순간 그들의 신들린 듯한 두드림은 무아의 경지를 방불케 했다. 연구에 열중하다 계란을 삶는다는 것이 귀중히 여기던 회중시계를 넣고 폭폭 삶았다는 뉴턴의 일화가 떠오른다. 전기를 발명한 에디슨도 연구에 집중하다 보니 일주일이 지나는 동안 식사하는 일도 까맣게 잊고 지냈다고 한다. 몰입하는 집중, 그런 신들림이 일맥상통하여 우리 삶에 큰 힘의 원동력이 된다고 믿는다. 그들의 대단한 열정에 감사하며 새로운 힘과 용기가 우리를 끌어준다. 다섯 발자국만 내디디면 나도 그곳에 함께 앉을 수 있다. 그래서인가, 이렇게 그들의 가슴뜀이 내게도 다가온다. 눈을 감고 내 기분에만 젖어서 감상할 수 있는 게 아니다. 온 몸이 뒤흔들리는 순간이다. 꾸밈없이 두 손 쫙 펴서 밀고 당기며 내가 너를 알듯이 너도 나를 알아줄 거라고 말하는 듯하다. 때 맞춰 터지는 관중들의 박수 소리도 객석을 진동한다. 뜨거운 감동이다.

스테이크를 먹고 나도 김치로 입가심을 해야만 개운하다. 피자도 불고기 김치 피자라면 먹을 만 할 것 같다. 칠면조도 고추장을 듬뿍 발라서 구우면 훨씬 볼품이 있을 게다. 돌아오는 차 속에서는 한국의 전통이라면 모든 것이 최고일 거라는 기분이다. 사라져간다는 쪽머리도 해 보았으면 좋겠다. 고무신도 찾아서 버선까지 챙겨 신어 봐야겠다. 빳빳이 풀 먹여 손질된 이부자리도 펴 놓고 누우면 예쁜 꿈을 꿀 듯하다. 치약 쭉 짜서 반짝반짝 닦은 은수저로 전복죽이라도 먹으며 옛 정경부인의 기분을 좀 느껴 볼까. 나는 꼭 옥색 모시 치마 저고리를 입고 있어야지. 방안의 자개 문갑의 먼지도 닦고 접어 둔 보료도 펼쳐 놓아야겠다. 서울에서조차 점점 밀려나는 한국의 전통들이 아쉽다. 참 아름다운 우리 전통의 생활문화가 아닌가. 언젠가는 다시 꽃 피어날 것이다.

내일도 계속되리라는 음악회에 다시 와 보고 싶다. 가능하면 온 식구들과 함께, 또 많은 친구들과 함께 이 뜨거움을 나누고 싶다. 내가 나를 사랑해야만 남들도 나를 귀하게 대해 준다고 한다. 한국의 전통 음악을 우리가 자랑스러워 해야만 다른 나라 사람들도 더불어 흥겨워하며 한국의 정서를 사랑해 주리라. 전통 음악회를 통하여 체험하지 못한 세계를 경험하면서 삶의 폭을 넓혀 가야겠다는 각오를 다진다.

시선이 머무는 곳

싱그러운 바닷바람에 잠이 깨면 아침 산책으로 바다에 나간다. 가까이 보이는 카타리나 섬과 힘차게 출렁이는 태평양 바닷물이 장엄하다. 땅 끝과 물 끝이 만나 하나된 세상이 펼쳐져 있고 색다른 구경거리도 있다.

해안가 바위 위에는 물개들이 모여 사는 번지 없는 마을이 보인다. 겉으로 보면 다정한 듯 행복해 보이지만 생물의 삶도 어쩌면 우리네 인생살이와 비슷한 점이 많다. 세차게 밀려오는 파도에 그들의 마을은 순식간에 바닷물에 휩싸인다. 물개들은 이리저리 물살에 부딪치면서 하늘을 향하여 머리를 들고 뛰어 오르다가도 맥없이 바다에 빠지고 만다. 파도가 잠잠해지면 다시 그들의 마을로 돌아와 휴식한다. 밀고 밀림은 그들의 일상이며 평생 반복되는 물개들의 고단한 비행의 운명이다. 어떤 환경에서도 지혜롭게 적응해 가는 생명의 힘이 경이롭게 느껴진다.

물개들의 마을은 나무 한 그루 없는 풍경이다. 자잘한 게들이 기어 다니는 좁은 길들이 줄지어 있고, 그 길 따라 바위 위에는 여러 갈래의 주름살들이 잡혀져 있다. 바위들도 오랜 세월 풍상에 시달리다보면 인간의 얼굴모습과 흡사해지는 것 같다. 큰 바위 위의 주름은 마치 인왕산 치마바위같이 보여 정다움도 느껴진다.

오늘도 안개 촉촉한 언덕길을 걸으며 수없는 상념에 잠겨 물개마을에 내 시선이 머문다. 그곳에는 하늘과 구름, 바다와 파도가 물개들의 벗이다. 자연 속에서 그들이 지닌 것은, 맨 몸과 맨 손 외에는 아무것도 없기에 편안하고 평화롭게 보인다. 있을 곳에 있는 자연의 모든 것이 그 나름의 존재 가치를 지니고 환경에 순응하며 산다.

물개 마을에 내 시선이 머무는 순간, 가슴 뜨거운 울림이 참으로 소중하다. 내 마음에 채워져 있는 많은 것들을 하나하나 빼내며 버려야 할 것들은 비워낸다면 내 삶도 물개마을의 물개들을 닮아 편안해지지 않겠는가.

달 그리고 나

교교하게 적막한 밤이다. 두 손 쑤욱 뻗으면 달의 얼굴이라도 어루만질 듯 키 큰 세콰이어 나무 숲길을 걷는다. 한여름인 8월인데도 오싹하도록 차가운 기운에 어깨를 움츠린다. 함께 걷는 동행의 체온이라도 전해져 오는 듯 차츰 심신이 따스해진다. 가슴속 깊은 곳까지 밝고 고운 보름달이 비춘다. 휘영청 높은 곳에서 반짝이는 달님께 닿으려는 듯 짙은 체취를 뿜으며 세콰이어 검푸른 나무들이 곧게 빼꼭히 서 있다.

바람이 스쳐 간다. 그 사이로 엄마 나무가 아기 나무에게 불러주는 자장가 소리도 들린다. 보름달이다. 그 달을 올려다보며 점점 숙연해진다. 마음을 깨끗이 닦아 주는 달의 손길이 부드럽다. 사파이어처럼 빛나는 별들도 보인다. 하늘의 별들을 보면 마음에 경외감이 채워져 온다던 칸트의 말도 함께 별빛 되어 빛난다. 나무의 향기에서도 청정한 달의 숨결이 함께 스며 나온다.

타오름 달 추석 보름달은 그 크기와 밝기가 일 년 중 으뜸이다. 봄부터 수고하여 추수한 햇곡식이 알알이 영롱한 빛을 내며 마음 가득 고마움이 쌓여 있는 추석이다. 황금벌판에서의 추수로 꽉 채운 곡간을 보며 드리는 감사는 앞으로 다가올 수고도 감수할 수 있게 하리라.

추석 전날 밤이면 온통 들뜬 식구들이 웅성대던 기억이 난다. 환한 달빛 아래 툇마루에 걸터앉아 커다란 번철 귀퉁이에서는 돼지기름이 지글지글 흘러내리고 그 아래 예쁜 모양 만들며 빈대떡 부치시던 어머니가 생각난다. 빈대떡을 특별히 좋아하던 큰오빠와 나, 밤이 깊어지면 졸음이 쏟아져 어머니 무릎에 머리가 닿을 때까지 어머니의 양 옆에 앉아 건네주는 따끈하고 바삭바삭한 빈대떡을 먹곤 했었다.

휘영청 밝은 달이 떠오르는 추석날 밤이면 오빠들과 뒷동산으로 올라갔다. 언니 손을 잡고 달리는 밤길은 발길에 차이는 돌에도 결코 넘어지지 않았던 것 같다. 앞산 뒷산에서 휘황한 둥근 보름달 바라보며 소원을 빌었다. 환하게 웃는 보름달 아래서는 모두가 즐겁다. 추석은 둥근 달 만큼 모든 것이 풍성한 가을이었다.

해오름 달 정월 대보름날 그 밤의 달은 새침한 여인인 양 싸늘했다. 그 날은 아침부터 부산스러웠다. 이 방 저 방 문 들을 여닫으며,

"누가 부르면 절대로 대답하지 마라. 대답하면 그 사람이 더위를 너에게 판단다. 쉬!"

손가락을 입에 대고 조용조용 부탁하시던 어머니. 뭔지도 모르면서 더위란 것이 무척이나 무서운 거라고 생각하며 입을 꼭 아무리던 일, 저녁이면 오곡밥에 다섯 가지 나물들이 푸짐하게 잔뜩 담아진 그릇들을 둘러보며 즐거운 마음은 마냥 들뜬다. 휭휭 돌아가는 깡통 불꽃들은 요즘의 밤하늘을 화사하게 수놓는 불꽃놀이보다 훨씬 재미있게 기억된다. 그 불꽃이 떨어져 메마른 잔디를 태우면 어른들은 둥글게 서서 그 불들이 다 탈 때까지 또 한 해의 농사도 풍년이 들기를 빌면서 지켜보았다.

"복조리 사아려어~." 하며 길게 크게 끌던 그 소리가 지금도 귓가에 정답다. 복조리 두 개를 사는 어머니 곁에 서서 올려다 본 하늘, 안녕하며 흔드는 아기들의 손같이 반짝이는 수많은 별들, 그중에 진주처럼 영롱하게 빛나던 달, 그 신선한 아름다움에 어린 가슴도 순간을 영원인 양 침묵하던 그때가 기억 속에 빛난다. 들뜬 마음을 다소곳이 다독이며 누운 베개 밑에는 살이 통통한 잣들이 놓여있다. 우리를 다 뉘어 놓고 어머니는 성냥불을 켜신다. 바늘에 꽂아 놓은 잣 꼬리에 불을 붙이고 그 불이 활활 타면

"아, 우리 옥이 올해도 건강하겠네."
하며 좋아하셨다. 식구대로의 잣 불이 피어나고 꺼지는 순간마다 온 가족의 건강을 초롱초롱한 눈으로 지켜보던 그때가 정말 그립다.

푹푹 찌는 한여름의 그 날도 하늘에는 둥근 달, 밝은 달이 떠 있었다. 단짝 친구의 집에서 생일상을 물린 후 친구들과 함께 공원에 올랐다. 책가방을 무겁게 들고서도 힘든 줄도 몰랐다. 왁자지껄 시끄럽던 친구들이 하나 둘 귀가를 서두르고 있었다. 누군가 내 가방을 들어 주겠단다. "어, 고마워." 하며 가뿐해진 어깨로 날개 편 공작인 양 공원길을 걸었다.

어느 순간 큰 고목 곁을 지날 때였다. 그가 내 앞길을 막으며 나무 기둥에 세워 놓는다. 깜짝 놀라 눈을 동그랗게 뜨고 빤히 그의 얼굴을 바라보았다. 오랫동안 그대로 서서 서로 쳐다보고만 있었다. 순간이었나? 억겁이었나? 등 뒤로 달빛 받고 선 그의 얼굴은 그저 컴컴했다. 나를 가로 막았던 두 손을 휙 내리며 그가 뱉은 말.

"너, 너무 예쁘다. 월하미인이라더니 네가 꼭 그렇구나!"

그 말을 듣는 순간, 가슴은 콩닥콩닥 뛰었고 얼굴은 홍당무가 되었다. 무조건 뛰어 내려 집으로 왔고, 가방 들고 뒤쫓아 온 그도 전차 길을 헤매다 집으로 갔다 했다. 오랜 시간이 지난 오늘 밤이라도 밝은 달 아래 다시 서 보고 싶다. 행여나 남편의 입에서도 "지금

보니 당신이 월하미인이군!" 하는 말이 들려오지 않을까 하는 꿈이라도 꾸고 싶다.

공연히 잠 못 이루고 짖어대는 멍멍이의 소리도 환한 달 때문이라면 웃어넘길 수 있다. 새색시의 눈썹 같은 초생달이라고도 한다. 어린 초등학교 때의 달은 가느다란 그믐달 위에 계수나무 곁에서 쿵덕쿵덕 떡방아를 찧고 있는 토끼의 그림으로 가슴 깊이 안겨 왔었다. 어린 소녀에게는 둥글고 환한 보름달은 지나치게 화사했었나 보다. 어려움에 쫓기던 남매가 하늘에서 내려온 밧줄을 타고 올라가서 동생은 해님이 되고 누이는 달님이 되어 세상을 비춘다는 옛이야기가 있다. 어렸을 때는 왜 남자애가 환한 낮에, 여자애가 캄캄한 밤에 홀로 하늘에 있어야 하나 하고 고개를 갸웃했다.

신화 속의 달의 신도 세린Selene이라는 여신이다. 어둠 속에서도 희로애락의 감정을 홀로 삭일 수 있는 존재로는 남자보다 여자가 더 잘 어울린다고 생각한다.

이제 달을 품을 수 있는 성숙한 여인으로 나는 보름달이 좋다. 달은 어두운 하늘에 둥실 홀로 떠서, 별도 보여주고 남 몰래 흘리는 눈물도 감춰준다. 싸늘한 듯 다정한 달빛 같은 여인이고 싶다. 월하미인만이 아니라 뜨거운 햇빛 아래서도 변치 않는 달빛만을 닮은 여인으로 살고 싶다.

어떤 착각

살다보면 실수하기가 다반사라고들 한다. 남의 실수는 웃으면서 잘도 잊고 사는 세상이다.

나의 실수는 또 어떤가. 그렇게 슬쩍 넘겨 버리고 말면 그뿐일까. 물론, 실수도 실수 나름이겠지만, 때론 정말 황당한 경우도 있었음을 어찌해야 하나. 아주 오래 전 젊었을 적에 저지른 실수가 어느 순간 갑자기 떠오를 때면 혼자서도 얼굴 빨개진다.

그렇다고 지금이라고 실수를 하지 않고 살고 있는 걸까? 아니다. 나는 여전히 자신이 없다. 오늘도 또 앞으로 살아가는 동안에도 끊임없이 나의 실수는 계속 되지 않을까.

"어미야, 문 열어라."

맙소사, 어머니가 문을 쾅쾅 두드리고 계셨다. 어떻게 이런 일이…! 어제 저녁 서울에서 "어머님 떠나셨어요."라는 큰올케언니 전화를 받았다. 아, 내일이면 보고 싶은 어머니가 오시겠구나. 그렇게 생각하며 열심히 청소기를 돌리고 있는 중이었다. 혼자 오시는 먼 길이니까 전화까지 해줬는데, 어떻게 오늘은 빼고 내일 도착하시리라는 계산했을까. 날짜도 요일도 시간도 다 적어놓고, 직장에 휴가도 받아놓고 들떠 있었는데 어쩌면 그 순간 내 머리 속의 계산기는 그렇게 묘한 계산을 했던 것일까.

한번 들은 숫자는 컴퓨터같이 머릿속에 입력되어서, 생일이나 전화번호는 메모도 없이 척척 찍혀 나오던 나였는데 어떻게 이런 일이 일어날 수 있었을까? 먼 서울에서 이곳 LA까지 장장 12시간 비행기를 타고 오신 어머니를 집 앞에서 만나다니…. 멍하니 서있기만 하는 내게 택시 운전수가 눈을 껌뻑이고 있었다. 돈을 줄 생각은 안하고 눈만 크게 뜨고 돌덩이같이 굳어져 서있는 두 모녀가 이상하기도 했을 것이다. 운전수는, "와, 저 여자는 지름길도 잘 알더라."며 돈을 주는 내게 머리를 절레절레 흔들면서 신기해하며 떠났다. 영어도 못하시는 어머니는 주소가 적힌 쪽지 하나로, 이리 가라 저리 가라 손가락질로 검은 피부의 운전수를 가르치며 잘도 찾아오신 거였다.

혼이 빠져 나간 듯한 그 순간의 나는 몸이 저 지구의 끝으로 갈아앉는 기분이었다. 몸이 아니라 어떤 날개 같은 얇은 무엇이 되어 끝없이 끌려 들어가는 듯 했다. 살다 보면 별별 일이 다 생긴다고

들 하지만, 이런 일은 정말 생겨서는 안 되는 일 아닌가. 잠시 후 어머니는 또 재촉하셨다. 공항에 빨리 다시 가야 한다고. 가방 하나를 두고 오셨단다. 짐 가방 두 개를 들고 쩔쩔 매고 계시니까 검은 피부의 수화물 운반원이 짐수레에 가방 두 개를 싣고 환영객들이 기다리고 있는 곳까지 왔는데, 오랫동안 기다려도 마중 나온 사람이 안 나타나니까 가방 하나를 다시 싣고 가 버렸단다. 생전 처음 당하는 일이라 나조차도 어리벙벙. 우선 공항으로 다시 달려갔다.

KAL사무실에 들렀더니 어머니를 알아본 직원이, 잘 도착하셨군요. 걱정했어요, 라며 반가워했다. 그 직원이 주소를 찾아주고 택시를 태워 줬단다. 고맙다는 인사와 짐 가방 얘기를 하며 도와 달라고 했다. 누군가가 맡긴 짐은 없는지, 분실 수화물 센터까지 다 뒤져 봤지만 찾을 수 없었다. 혹시 내일이라도 가방을 찾으면 연락해 달라고 전화번호만 남기고 왔다. 그러나 그 후에는 아무 소식도 없었다. 팁 몇 푼을 안 줬다고 노인의 가방을 가로챈 그 포터의 배짱이 놀랍다. 어머니는 가방을 갖고 가서 잘 보관하는 줄 알고 등 뒤에다 고맙다는 인사까지 하셨다는데. 가방을 못 찾을 것 같다는 내 설명에 어머니의 얼굴은 흙빛으로 변하셨다. 그 가방이 어떤 건데, 거의 울먹이셨다.

미국에서 살고 있던 나와 남동생을 만나러 몇 년에 한 번씩은 비행기를 타고 다니시던 어머니. 이제는 나이 드니까 비행기 타기가 쉽지 않다고 푸념하시던 어머니. 이번에는 딸과 시카고에 사는 며느리에게 직접 골라 가지라 해야지 하며 아끼던 패물들을 모두 들고 오셨다는 거였다. 그리고 그 패물들은 잊어버린 그 가방 안에 몽땅 들어 있었다. 어쩌나, 어떻게 이런 일이! 어머니 앞에서는 오로지 죄인인 기분이었다. 어머니는 날 안심 시키려고 오히려 무덤덤하게 지내시며 까짓것 잊어버리자 하면서 등을 토닥여 주기까지 하셨다. 나의 착각으로 어머니의 패물 가방은 영 잊어버리고 말았다. 벌써 15년이 된 이야기이다.

요즘엔 아침에 눈을 떴을 때, 그대로 거기 있는 천정, 창문이 낯설게 느껴지기도 한다. 푸른 하늘을 보는 일이 고맙게 느껴지는 날들이 많아진다. 시간표를 만들고 계획을 세워서 알뜰살뜰 살아가는 사람들도 있으리라. 예전 어느 땐가는 나도 그랬었다. 요즘은 숨을 쉰다는 것만으로도 고맙다. 종알대는 새소리가 즐겁다. 가끔씩 짖어대는 멍멍이들의 소리도 정겹다. 나이 들면서 일도 쉬고 머릿속이 복잡하지 않으니 착각은 덜해지고 모든 것이 새롭게 다가오는 듯하다.

어머니가 우리 곁을 떠나신 지도 십년이 훌쩍 지났다. 어머니가 가신 8월이 오면, 어머니의 무덤 곁에 앉아 좋아 하시던 커피잔을 놓고 이런저런 가슴속의 얘기들을 풀어놓고 싶어진다. 이제는 꿈길에서도 멀어진 어머니. 오늘 밤엔 꼭 한번 뵙고 싶다고 떼를 써 볼까.

손을 잡고 싶어요

봄은 꽃으로 다가온다. 3월의 마지막 날 사막의 봄꽃을 보고 왔다. 안자-보레고Anza-Borrego 사막 주립공원. 샌디에고 동쪽에 자리 잡은 곳이다. 눈을 들어 보이는 전경은 언제나 마음자리를 정해준다. 푸른 바다는 그 넓고 출렁댐으로, 숲이 우거진 산속은 싱그러운 나무의 향기와 산새들의 속삭임과 함초롬히 빛나는 아침 이슬로 그 순간 그 날의 두루마리를 펼쳐주지 않던가.

사막은 메마른 모래의 빛으로 쓸쓸함을 안겨주곤 한다. 짙푸른 잎새들이 빽빽이 늘어선 오렌지 밭을 지나면 곧 나오는 샌하신토 산의 자갈 산이 그랬다. 오래된 팥고물 색을 닮은 검불들, 희끄무레한 흙과 돌들이 하늘의 색까지 뿌옇게 느끼게 해주는 메마른 땅, 가슴속도 아리고 마르는 것 같았다. 하지만 한 번도 내려서 손으로 만져보지는 못했다. 왠지 빨리 벗어나고만 싶었다. 이번에는 직접 꽃을 보러 가는 길이다.

찬바람이 불어대는 산모퉁이에 차를 세우고 내린다. 모자가 날아간다. 서둘러 집어 들며 아래쪽 벌판을 본다. 집도 없이 텅 빈 넓은 벌판이 보인다. 높은 곳이어서 그런지 나무도 없다. 그 중에서도 쭉 뻗은 길이 눈을 끈다. 어떤 움직임도 없이 그저 하나의 줄로 멀리까지 뻗어있다. 지나치면서 가끔씩 보이는 건초 같은 덤불들을 본다. 소담하게 마치 미식축구 볼을 세워 놓은 듯 서있는 선인장들도 보인다. 가끔씩은 사막을 덮고 있는 요술쟁이의 담요처럼 여기저기 활짝 핀 노란 꽃들이 화려하다. 벌판에 무서운 가시로 똘똘 뭉쳐서 있는 선인장들도 있다. 자기 자리에는 그 무엇도 허용하지 않고 홀로 서 있다. 띄엄띄엄 자리 잡은 그런 모습들이 사막을 더 사막답게 한다. 그 가시가 무서워 누가 감히 그 곁자리를 함께 하려 하겠는가? 벌판에도 돌산에도 사막의 꽃 선인장들은 홀로 가시를 세우고 있다. 친구가 있을까? 엄마 아빠는 언니 누나 동생은 다 어디에 서 있나? 공간이 보이는 간격만큼씩 더 짙은 외로움을 보이며 그렇게 서 있다. 그래서일까? 사막은 공연스레 허전하고 쓸쓸하다.

내 미국생활도 이렇게 사막의 선인장처럼 시작됐다. 바느질 공장에서 쩔쩔매며 그 먼지와 재봉틀 소리에 짓눌려 지내던 시간들이 어제 일인 양 느껴지기도 한다. 미국 오기 전 양재학원 다니며 코트까지 만들어 본 솜씨 덕에 지금도 방 한구석에 재봉틀이 놓여 있긴 하지만, 실을 끼고 재봉틀 발판에 발을 올려놓으려는 생각은 좀체 나지 않는다. 언제쯤이면 즐거운 기분으로 바느질을 다시 할 수 있을까.

TV를 켜도, 극장을 가도, 그들의 말은 내 귀에는 가시처럼 따끔거릴 뿐이었다. 누구에게도 아무 말 안하고 그저 속으로만 날카로운 가시에 아파하며 지냈다. 아픔을 가슴속에 지니고 사는 사람은 가시 돋은 선인장 같다. 말도 없이 움직임도 없이 가시만 세우고 땡볕과 사나운 바람에도 견딘다. 내 자리를 유지하며 황폐함을 남에게 다 보이며 그렇게 서 있다. 너와 나 사이에는 간격이 있어야 좋다고들 말한다. 하지만 손가락 하나 만져볼 수 없는 그런 간격은 슬프다. 때론 두 팔 활짝 펴서 서로 끌어안고 가슴속 고동소리도 함께 들을 수 있다면 얼마나 좋을까? 흐르는 눈물도 서로의 손끝으로 꼭꼭 눌러 닦아줄 수 있다면 큰 위안이 될 텐데… 내 자리에만 가만히 서 있어야 할 때의 간격은 정말 안타깝다.

타향살이 10년이면 정들어 고향이란 말이 거짓은 아닌 듯하다. 30년도 넘게 한 고장에서 살다보니 고국을 방문 중에도 때론 빨리 로스앤젤레스의 내 집으로 가고 싶어진다. 그곳의 맛있는 한국 음식점들도 고맙게 느껴지고, 한인촌에서 볼 수 있는 아기 업고 고무신 신고 걷는 여인들도 다정하게 느껴진다. 가시 돋친 선인장 같던 내가 이제는 사랑스런 손자 손녀를 바라보며 웃기도 한다. 그 조그만 손들을 꼭 잡고 산토끼 노래도 함께 부르고 호랑이 담배피우는 이야기도 해준다. '반짝 반짝 작은 별'도 영어가 아니라 한국말로 함께 부르자는 네 살 손녀가 자랑스럽다.

문득 홀로 가시 세우고 넓은 땅에서 서로의 간격만을 지키며 외롭게 서 있는 선인장들을 가슴에 품어본다. 사막의 뜨거운 열기가 훅 느껴지며 내 손은 어느 사이 주머니 속으로 들어간다. 손을 잡아 줄 수 있는 이웃들이 있어 나는 외롭지 않다. 서로에게 틈만 보이고 있는 사막은 우리에게 삶을 살아가는데 무엇이 중요한지 보여주는 교육의 표본인 듯하다. '손을 잡아 주세요.' 애걸이라도 하면서 아름다운 터전을 꾸리고 싶다.

감사하는 마음

"고맙습니다, 하나님!"

마음속에서 주저 없이 나온 첫 마디다. 한 치의 거짓도 없는 진정한 감사. 감사함과 더불어 삶의 행복감이 보름달처럼 차오르는 순간이다.

노스캐롤라이나에서 거의 반백 년을 살고 계시는 큰형님을 만나러 간 남편에게서 밤 9시에 전화가 왔다. 새벽 4시 반에 떠나간 비행기였으니, 오후 한두 시면 연락이 오리라 기다리고 있었다. 저녁 시간도 지나도록 소식이 없어서 안절부절못하고 있는 중이었다. 텍사스에서 갈아탄 소형 비행기가 이륙 후 계속 이상한 소리가 나서 뭔가 불안했단다. 전기선이 제대로 작동이 안 된다며 다시 달라스 공항으로 회항했다고 한다. 무사히 땅에 내릴 때까지의 그 한 시간이 마치 지옥 같았단다. 두 시간 후 다른 비행기로 갈아타고 늦게야 노스캐롤라이나의 롤리 공항에 도착했으니 얼마나 다행이냐고 말하는 남편의 음성은 지금도 가슴 떨리게 들린다.

생전 처음 미국 땅을 밟는 작은 형수와 조카와 동행한 길이었다. 더군다나 형수는 비행기 타는 것도 이번이 처음이라 했다. 가능하면 멋진 추억만을 만들어 주고 싶어 했는데, 그런 손에 땀을 쥐게 하는 경험을 하게 했으니 얼마나 많이 속상했을까. 깜짝 놀라 그 설명을 듣던 나는 그저 "하나님 고맙습니다!" 만을 되뇌고 있었다. 기도를 잘하는 성격도 못된다. 하나님을 자주 찾지도 못하지만 그 순간 마음속에서는 '고맙습니다.'라는 말만 나올 뿐 이었다.

남편의 작은 형님은 십여 년 전에 작고하셨다. 어린 두 남매를 데리고 고생하는 형수와 조카들을 가여워하던 남편이었다. 어떻게든 힘이 되어 주고 싶어했다. 어느 사이 조카들도 대학을 졸업하고 잘들 컸다. 큰딸은 결혼했고 아들은 좋은 직장 다니며 그런대로 안정된 생활을 하고 있어서 마음이 놓이고 고맙다. 미국 한 번 다녀가라는 얘기는 오래 전부터 있었지만 여의치 않다가 드디어 이번에 계획을 세워 오게 됐다. 결혼한 조카딸은 수속이 거의 끝날 때쯤 임신 진단을 받아 비행기 타기 힘들다며 함께 오지 못했다.

한국 방문에서는 자주 만났지만, 미국에서 서로 만나니 그 반가움이 여간 큰 것이 아니다. 짐을 풀고 마주 앉아 와인을 마시며 웃던 얼굴들이 애석하게 일찍 돌아가신 큰아버님이 생각나서 우는 얼굴들로 변했다. 이승과 저승길이 멀다 하지만, 창백하게 식어가며 굳어지는 저승길은 전혀 멀리 있지 않다. 살아 숨 쉰다는 것이 그저 되는 쉬운 것인 줄 알았는데, 숨소리 한 번만 더 듣고 싶어도 일단 멈추면 절대로 다시 들을 수 없는 아주 어려운 것이 숨 쉬는 것이다. 한숨이든 껄떡 숨이든 숨을 쉴 수 있다면 그것이 곧 행복이다.

그 벅찬 기대와 만남의 행복한 순간들을 즐기며 떠난 여행길에서 비행기의 전기 이상으로 하마터면 큰일이 날 뻔 했다니, 가슴은 철렁했지만 '고맙습니다, 하나님!' 을 말할 수 있는 이 순간은 오직 감사의 말뿐이었다. 사람은 감사하는 마음으로부터 축복을 받는다고 하지 않는가. 감사함으로 집을 지으며 그 속에서 감사의 꽃을 피워 나가는 것 아닐까. 그 꽃의 향기가 퍼져 나가서 온 세상 사람들의 가슴 안에도 '고맙습니다.'라는 열매가 달려주면 얼마나 좋을까 생각하며 두 손 모은다.

3
돌을 닮은 여자

10시 10분

햇살도 화창한 정오에 글렌데일 공원묘지Forest Lawn Memorial Park까지 40여 분의 길을 운전하고 있다. 그런데 고속도로도 들어가기 전에 갑자기 빨간 불들이 눈을 어지럽히면서 멈춰선 차들이 길을 막아선다. '웬일인가? 신호등이 고장 났나? 아닌데.' 장례식장에 늦어질까 봐 조바심이 난다. 빨간 등을 깜빡이며 소방차들이 마구 달려간다. 한 대, 두 대, 세 대…. '아, 사고구나. 이 아름다운 엘에이의 8월 한낮에 사고를 당한 사람도 있는데 짜증을 내면 안 되지.'

드디어 차들이 움직이기 시작이다. 고속도로의 차선은 오른쪽 한 차선만 열려있다. 4차선을 꽉 채우고 늘어섰던 차들이 조이고 조여서 오른쪽 한 차선만 이용하려니 여간 어려운 게 아니다. 양보라면 세계 제일일 거라 생각되어지는 미국인들, 어찌 어찌하여 드디어 내 차도 끼어들게 됐다. 사고로 빨간 불빛들이 여전히 번쩍이는 왼쪽을 본다. '아, 이쪽 길의 사고가 아니었구나.' 구급요원들이 중앙 분리대를 넘어 건너 쪽에서 난 사고를 처리중이다. 세 대의 차가 이리저리 뒹굴고 있다. 또 한 대는 완전히 바퀴를 위로 하고 드러누워 있다. 온통 찌그러지고 아파하면서.

'어쩌나, 어쩌다가….' 모든 차들이 천천히, 무슨 일인가를 확인하듯 쳐다보며 간다. 하지만, 곧 시원하게 트인 길로 속력을 내서 달린다. 원래의 목적지로 시간 맞춰 가는 일도 중요하니까.

이런 일이 처음은 아니다. 가끔씩 이런 일이 생길 때마다 '조심해야지!' 하는 각성을 한다. 하지만 누군들 사고를 즐겨 당하는 건 아니잖은가. 불가항력으로 사고는 생긴다. 5분 먼저 가려다 5초도 안 돼 빨리 지구를 떠나게 된다는 말들도 많이 한다. 지금도 짚신 신고, 말 타거나 걸어 다닌다면 꿈도 못 꿀 끔찍한 일들이 우리 주위에서 동서남북 가리지 않고 자주 일어난다. 우리의 일상이 되어버린 운전, 신발 없이 못 걷는 먼 길을 두 발에 신발 되어 달려주는 차는 고맙고도 무서운 존재다.

넓은 길에 몇 대의 차들만이 다니던, 그 옛날은 얼마나 멋졌을까 생각해 본다. 품위를 가진 사람들만이 우아하게 달렸을 그 옛날에는 사고가 좀 덜 했을 게다.

기름 값이 하늘을 찌르는 요즘은 사고율이 놀랍게 많이 줄었다고 한다. 달리는 차들이 눈에 띄게 줄어들었으니, 비싼 기름 넣고 사고까지 내지는 말자고 서로 조심했으리라. 누군가는 말했다. 기름값이 지금의 다섯 배, 열 배로 오른다면 달리는 차들도 줄어들고, 공해도 적어지고, 사고도 줄어들 테니 참 살만 할 거라고. 운전대를 잡은 사람들마다 면허를 처음 딸 때의 초심으로 조심조심, 양보하면서 달리는 길을 꿈꾼다. 핸들에 손을 얹고 달리기 시작하는 순간부터 사고는 준비되어 있다. 아무리 차를 몸같이 느끼며 달린다 해도 분명 차란 괴물은 내 몸은 아닌 것이다.

처음 면허를 따기 위해 운전교사에게 운전 연습하던 중 가장 기억에 남는 건 '10시 10분'이었다. 두 손을 시계바늘 10시 10분 위치에 놓는 것이 가장 안전한 것이라고 했다. 갑자기 무슨 일이 났을 때 제일 신속히 대처할 수 있다고 했다. 오랜 시간 운전하다 보면 그 말이 자주 떠오른다. 많은 차들 위의 손들을 가끔씩 보게 된다. 어떤 사람들은 '9시', 주로 오른손이 '12시'에 놓여 있고 왼손은 흔들흔들 그저 놓여 있다. 어떤 사람들은 '3시', 주로 왼손이 '12시'에 놓여 있고 오른손은 뭔가를 찾기도 한다. 물론 운전에 자신 만만한 사람들이리라. 하지만 옆에서 보는 사람은 마음이 조마조마 하다. 그러다 무슨 일이 생기면 '그냥', '콱' 그런 일이 되지 않으리란 보장은 없지 않나. 어릴 적 버릇이 여든 간단다. 한 번 해본 '9시' '3시'의 재미는 잊어주면 좋겠다.

'10시 10분' 시작이 반이라고 한다. 아는 것만이 아니고 몸에 배어 항상 그리하면 좋겠다. 어쩌다 '9시'인 사람의 차를 타게 되면 머리를 오른쪽으로 돌리고 그쪽 창밖의 경치만을 구경하려 애쓴다. 괜스레 운전하는 왼쪽 사람을 보고 잔소리하게 될 게 뻔하기 때문이다.

옆으로 가는 아기 게에게 똑바로 가라고 어미 게가 야단쳐 봤자 아기도 어미도 옆으로 가는 건 어쩔 수 없는 일 아닌가. 제대로 된 습관을 길러서 보기에도 편안하고 스스로도 안전한 운전들을 해 나가야 하리라 생각한다. '나 하나쯤이야'라는 안이함도 안 된다. 나 하나가 너 하나와 합치면 온 세상 모두가 되는 건 시간문제 아닌가. 나 하나 만이라도 조심조심 편안하고 안전하게 운전하여 모든 사람의 운명도 편안하고 안전하게 운전된다면 좋겠다.

드디어 도착한 장례식은 조촐했다. 50여 개의 화환도 그저 조용히 향기만을 발하고 있었다. 멋지고 우아하게 96년간의 세월을 폭발하는 작은 반딧불같이 살아오신 윤 여사님. 우리 젊은 여인들은 여사님을 오랜 세월 봐 오면서 참 아름다운 분이라고 마음으로 찬사를 보내곤 했다. 그분도 가셨다. 80이 지나서도 거실의 새빨간 가죽 소파를 자랑스레 보여주시고, 빨간 귀여운 차를 운전하길 즐겨 하던 여인. 지금도 기억에 남는 한마디는 나를 미소 짓게 한다.

"보라색 긴 스카프를 목에 두르고 노란색 스포츠 오픈카를 타고 바닷가 길을 운전하고 싶어."

언제나 '10시 10분'을 지키시며 남들보다 한 발 뒤를 가듯 조금쯤은 천천히 운전하시던 여사님. 그 운전대를 놓고 이제는 하늘에서 또 새로운 운전을 즐기실까. 그곳에서는 스포츠카도 운전하실 수 있으면 좋겠다. 여전히 우아하고 아름답게.

'10시 10분만 계속 지키신다면 틀림없이 즐거운 시간이 되실 겁니다. 윤 여사님.'

떠나신 지구는 잊으시고 편안히 영면하시길 기도드린다.

모든 사람들이 '10시 10분'을 지키며 조금씩 양보하며 살아가리라 꿈꾸어 본다. 사고가 줄어들면 슬픔도 줄어들어 이 세상도 조금씩은 더 즐거워지지 않을까.

돌을 닮은 여자

신혼 초 시청 앞에서 수석 가게를 운영하는 시숙께 인사차 들렀다. 그때 시숙이 나에게 돌을 닮은 여자라 했다. 놀란 눈으로 남편을 쳐다봤더니 웃으며 내 손만 꼭 잡아줬다. 갓 결혼한 새댁에게 돌을 닮은 여자라니 선뜻 이해가 안 되었다.

시숙이 경영하는 가게에는 기기묘묘한 수석들이 무언 속에서 많은 얘기들을 걸어오는 듯 했다. 조그만 돌이 수반에 놓여서 꽃도 피우고, 시냇물도 흘려보냈다. 잘생긴 호랑이가 달려가고, 둥근 달이 초가지붕 위에 떠 있기도 했다. 말이 입으로만 되는 게 아니라는 걸 알 듯했다. 형형색색의 돌들에 물을 축이고 두 손으로 쓰다듬으며 반짝반짝 길들여 놓는 손길이 무척 다감해 보였다. 세월이 흐를수록 돌같이 변함없는 사랑으로 윤기를 더하는 여인이 되라는 뜻이라고 풀어주며 손을 꼭 잡아주는 남편이 고마웠다.

모처럼 죽음의 계곡을 다녀왔다. 몰아치는 바람으로 마냥 흔들리는 차는 어쩌면 죽음으로 가는 길도 이런 길이 아닐까 생각하게 했다. 회오리바람처럼 이쪽저쪽으로 마구 몰려다니는 모래 가루들이 시야를 가리기도 했다. 얼굴까지 목도리로 가리고 야트막한 모래 언덕을 오르는 것은 쉽지 않았다. 매서운 바람이다. 하지만 그 바람으로 만들어지는 모래의 모양은 쉬잖고 출렁대는 파도같이 신비로웠다. 앞마당을 빗질해 놓은 듯하다가 어느 틈에 뒷동산을 만들어 놓기도 했다. 순간순간의 변화에 살아있는 생명을 보는 듯했다. 바람으로, 큰 바위들을 가루로 만들어 내는 계곡, 나도 모르게 얼굴에 묻은 가루들은 버걱거리며 따갑기까지 하다. 사암석이라 쉽게 부숴진 것이리라.

돌아서 가는 길엔 온갖 형태의 돌산이 즐비하다. 골이 아프다며 머리끈 질끈 동여맨 아줌마. 알록달록 여러 색으로 줄을 그어 색동옷 입은 큰애기들. 겉옷은 거무데데하지만 한 꺼풀 벗으면 속살은 뽀얗다고 수줍어하는 새댁들. 바람만 세게 불어와도 다 바스러질 듯한 사암석 등등의 끝없는 바위산들의 형태였다.

다이아몬드, 루비, 에메랄드… 등도 돌이다. 그러니까 가장 귀한 보석들도 돌 속에게서 찾아진다. 60여 년 전 캘리포니아로 찾아들던 많은 사람들도 돌 속에서 금을 찾기 원했던 거였다. 1913년 7월

10일에는 화씨 134도까지 올라갔다는 무더운 죽음의 계곡이다. 그곳에서 얼마나 많은 사람들이 죽어 갔던가. 수면보다 85.5미터나 낮은 곳, 지금도 소금이 버걱거리는 불모의 땅, 금을 캐서 잘 살아보겠다는 욕망은 생명이 있는 자들을 그곳은 유혹했다.

우리 집 거실 벽난로 위의 선반에는 작은 나무배가 놓여 있다. 그 안에는 여기저기 다니다 눈을 끌었던 작은 돌들로 가득하다. 한국의 최남단 마라도, 미국의 북서쪽 도시 시애틀, 일본의 오와쿠다니 계곡, 하꼬네 온천의 검은 달걀이 놓여있던 검은 돌, 그리고 또 이곳저곳에서 많이도 가져왔다. 이젠 그만 갖고 오자 하면서도 이번에 또 주머니에 가득 채워왔다.

어디다 놓을까 궁리해 보면서 손바닥이 꺼칠해지도록 만져본다. 말도 못하고 미소 지을 줄도 모르는 돌들이 내 손에 닿으면서 마치 옛날이야기를 들려주는 듯 했다. 예전에 나는 ○○○였는데, 지금은 그저 돌일 뿐이야 라고 말하는 듯하다. 차후에는 나 자신도 돌이 되어 누군가의 손길에 대고, 예전에 나는 ○○○라고 말하고 싶어질 것 같다. 내가 돌이면 너도 돌이었으면 좋겠다. 돌들의 조화는 아름답기 때문이다.

갈고 닦아 빛나는 보석이 되기도 하지만 자연 그대로 있어 높은 산이 되기도 시냇물 흘려보내는 길목이 되기도 한다. 옛적 장독대를 다져준 바닥들도 크고 작은 돌들이었다. 아름답지 않아도 여러 모로 쓸모 있는 돌들은 얼마나 많은가.

몰아치는 찬바람을 돌기둥에 몸을 기대 막으며 눈앞에 펼쳐지는 사면팔방의 장관을 내려다본다. 천당과 지옥의 경치도 아울러 맛볼 수 있다는 단테의 전망대다. 빨갛게 지는 석양의 경외감은 지금도 여전히 핏빛으로 남아 있다.

어제의 햇빛과 오늘의 햇빛이 다르고, 어제의 바람과 오늘의 바람이 다르듯이 사람의 마음 또한 이와 같고, 사랑 또한 변하지 않는가. 그러나 돌은 변함없이 그 자리를 지키며 사람을 배신하지 않는다.

돌을 닮은 여자라는 소리가 가슴속에 그대로 살아 있기에 내 생명 다 하도록 변함없는 사랑으로 내 가족의 파수꾼이 되기 위해 오늘도 주어진 내 일상에서 부지런할 수밖에 없다.

흔적

어제 걷던 그 길을 또 걷는다. 혹시, 내가 밟았던 바로 그곳을 또 밟는 건 아닐까. 30여 년을 걷는 아침 산책길이니 어쩌면 그럴지도 모른다. 그런데도 지금 내딛는 발걸음은 마치 난생 처음 걷는 길인 듯하다. 오랫동안 많은 사람들이 걷고 또 걸어온 길이다. 아무리 봐도 변화가 없는 길이다. 시멘트 벽돌의 색은 변했지만 많이 닳은 것 같지는 않다. 세월 따라 그 많은 흔적들은 바람처럼 날아간 것일까.

발걸음만이 아니다. 마음이라는 것도 기억이라는 큰 테두리에 갇혀서만 새 날을 맞을 수 있다면, 눈멀고 숨통 터져 온전히 살아갈 수 없을 게다. 수많은 사람들이 신문고 앞에 매달려 조석으로 두드려 대며 하소연만 하느라 여명의 새벽을, 떠오르는 먼동을, 중천에 높이 뜬 태양을, 황홀한 황혼을, 새하얀 은파를 바라보며 즐길 여유도 없으리라. 학생으로 성적 걱정해야 할 때는 기억의 힘이 뒷받침되어 우수를 결정한다. 그때의 영리함으로 그의 인생길은 좌우된다.

두 사람이 뜨겁게 사랑하며 한 집에 살게 된 후에는 좋은 기억만 다가온다. 어둡고 무거운 기억들은 알지 못하는 사이에 벽장 귀퉁이로 쌓여 가는 것 같다. 잊고 지낼 수 있다는 건 오늘을 살아가는데 얼마나 다행인가. 그 많은 흔적들이 벽돌처럼 차곡차곡 쌓여서 또 새로운 오늘의 기억으로 얹혀 온다면 그 중압감에 견뎌내기 힘들 것은 자명한 일이다. 아침에 눈을 뜨면 심신이 산뜻하다는 것이 신기하다. 언제나 새로움이 커튼을 열고 인사해 주는 하루의 시작은 흥미진진하기도 하다.

하루하루를 살아왔을 뿐인데, 어제의 모습이 오늘에 있을 뿐인데, 어느 순간, 눈앞 거울에 비치는 얼굴은 옛적에 바라봤던 어머니의 얼굴이 마주보며 웃고 있을 때가 있다. 다정하지만 황당함에 당황한다. 나 혼자의 개성이 보이는 얼굴이라 믿고 살아 왔는데, 결국은 나만의 얼굴이 아니라 어머니의 흔적이 남은 얼굴이 아닌가. 사랑이 가득한 얼굴로 보듬어 주시던 어머니의 그 다정했던 모습도 내게 있을까 궁금하다. 싸우며 바쁘게 살던 내 아이들과의 시간에는 무서운 엄마의 얼굴로 남아 있지 않을까 염려된다.

할머니가 된 요즘에는 여유로워진 얼굴로 손주들을 대한다. 걱정으로 화냄보다 사랑이 먼저 샘솟아 나는 시간들이다. 좀더 젊었을 때부터 이런 마음이었다면 훨씬 따뜻한 가정을 이끌었으리라. 수업시간에는 열심히 공부하고 있을까, 친구들과는 사이좋게 지내나, 모든 일에 예의 바른 아이일까, 운전할 때는 조심하겠지 등등…. 별별 걱정을 줄줄 엮어서 하루도 맘 편하게 지낼 수 없었던 젊은 엄마였었다. 그래서 그 염려와 꾸중들이 과연 얼마나 효과가 있었을까. 나의 노심초사하던 엄마의 마음을 자식들은 어떻게 기억할까 염려가 된다.

딸이 잘못했을 때 야단치는 대신 조용히 자기 방에서 책을 읽게 했다는 젊은 엄마의 얘기를 신문에서 읽었다. 요즘의 젊은 엄마들이 속 썩이는 아이들을 자기들 방에 가두고 울고불고 시끄러운 아이들이 울지 않고 "미안해요" 라고 말할 때까지 홀로 두는 걸 자주 본다. 학교에서도 '타임아웃' 이라는 벌로 학급 시간이 끝나도 교실에 혼자 남겨 두기도 한다. 사랑으로 꾸중한다지만 그 시간에 진정한 사랑이 함께 하는 걸까 의심스럽다. 울리는 대신 자기가 좋아하는 책을 읽게 한 그 모성이 장하고 부럽다. 어린 나이에 자랑스럽게 자기를 표현하며 칭찬받는 그 딸은 우선 어머니에게 감사를 표해야 하리라. 그 감사의 표현이 많은 사람을 감동시켜 모든 엄마들의 마음에도 큰 변화가 있기를 원한다.

어제를 살아 온 그대로 오늘을 살게 되는 삶이다. 똑같은 그 길의 그 흔적이 조금씩 따뜻한 시간들이 되는 꿈을 꾼다. 나 혼자만이 아닌 더 넓은 세상의 많은 사람들도 함께 남기는 아름다운 흔적이면 좋겠다.

여행 단상

진득하게 집안에 앉아 음악을 들으며 책을 읽고 있으면 참 편안하다고 느끼며 살았었다. 바람결에 흔들리는 창밖의 장미꽃이 아름다웠고, 그 얇은 잎새 위에서 날개를 파닥이며 춤추는 휘파람새를 보게 되는 날은 온종일 공연히 기분이 들뜨기도 했었다.

그런데 이번 4월과 5월은 온통 여행 다니기에 바빴다.

4월말에는 일본에서 1주일, 5월의 2주일은 한국에서, 5월말에는 시애틀에서 1주일.

일본은 도쿄의 나리따 공항에 도착한 후, 오사카 간사이공항을 떠날 때까지, 동에서 서로 움직이며 여행을 즐겼다.

한국에서는 인천 공항에 도착하여 전라도 고창을 거쳐 순천, 정읍을 다녔고, 다시 서울로 그리고 제주 서귀포로 날아가 주상절리,

천지연, 대한민국 최남단 마라도까지 누비며 다녔다.

KTX로 서울역을 떠나 김해까지 가서, 다시 대전으로 갔다. 유성의 계룡스파텔에서는 온천물에 몸을 푹 담그며 여행의 피로를 풀었다. 또 장성급들만 묵을 수 있다는 침실 하나에 화장실 두 개의 근사한 특실에서 멋진 야경을 즐기며 일박하지 않았던가.

시애틀에서는 고사리도 따고, 계속 부슬부슬 내리는 빗속에서 낭만보다는 훨씬 크게 감동을 주는 경치에 푹 빠져서 신기한 나라의 앨리스라도 된 듯 꿈속을 날아다닌 듯 했었다.

이런 걸 옛사람들이 역마살이 끼었다 했던가. 돌아와 침대에 누워서도 몸은 어딘가를 둥둥 떠다니는 기분에, 이러다 또다시 짐을 챙기는 건 아닌가 스스로 걱정이 되기도 한다.

꾸물꾸물대는 회색하늘 아래 싸늘한 도쿄 나리따 공항.

일본이라는 나라는 가깝고도 먼 나라였다. 웃는 얼굴들에도 때론 눈꼬리가 싹 돌려지게 하는 나라. 어렸을 때는 멋도 모르고 많이도 흠모했던 나라이기도 했었다. 그 화사한 크레파스의 색깔, 하늘하늘 보드랍고 예쁜 무늬의 원피스 등등. 자라면서 역사를 배우면서 많이도 미워하고, 그러면서도 어쩔 수 없이 조금은 관심 갖던 나라였다.

그 조그만 나라에서 얄밉게도 우수한 경제대국으로 살았던 그들이었다. 한 발 앞선 제품들을 만들어 큰돈을 벌어들이곤 하는 나라,

지금도 여전히 그렇게 열심히 사는 것 같다.

공항 밖에서 지나는 차들을 보면서 깜짝 놀랐다. 성냥갑같이 작은 차들! 너도 나도 조그만 차들을 탄다고 한다. 아무리 작아도 5명까지 타도록 만들어졌고, 그 차에 5명이 타는데 전혀 주저함이 없다는 가이드의 말이 인상적이었다. 우리는 왜 그렇게 크고 안락함만 좋아하는 걸까. 그들은 아끼고 아끼면서 경제대국을 만들어 냈는데, 우리는 정말 아끼고 사는 중일까? 하고 자문해 보았다.

일본인은 가난해도 일본은 부자나라라는 무서운 말이 일본 여행 중에 샘이 나도록 가슴깊이 고동쳐 왔다. 좁은 땅에 어찌 그리 기념비적인 고궁들이 많은지, 정성들여 옛것들을 어쩜 그리 잘 보관해 놓았는지, 발등을 찧고 싶다는 기분이 이런 거구나 했다.

해인사, 불국사, 금산사 등등 우리나라의 사찰들은 얼마나 널찍하고 의젓하게 지어졌는지 지금도 조상들의 수고에 경의를 표하곤 한다. 하지만, 우리가 정말 정성을 다해 보존하고 있는 건지…. 그들의 상혼에서 뭔가 더 배워야 할 건 없는 걸까. 외국인 관광객을 좀 더 많이 모여들게 할 수는 없는 걸까.

자랑도 하면서 수입도 올릴 수 있다면, 국력도 더욱 더 강해 질 것이 틀림없을 것이다. 우리나라의 옛것들도 잘 보존하고 조상님들의 남다른 식견과 예술혼에 고개 숙여 고마움을 표해야 하리라.

자연을 자연대로 자연스럽게 보살피는 그들이 부러웠다. 냄새는 나지만, 화장지도 없고 종이 수건도 없는 그들의 공중변소에도 놀랐다. 화장실에서도 절약 절약하는 그 사람들, 핸드백 안에는 손수건과 화장지가 들어 있었다. 비싼 기념품들은 안 샀지만, 그들의 절약정신과 자연과 조상사랑 정신은 트렁크에 가득 담아온 듯 한 기분이었다.

인천 공항에 도착한 저녁시간은 온통 가슴 설렘이었다. 몇 년 만인가? 세어보면 세 손가락만이 펴지는데 어찌 그리 들떴었는지, 다시 어린 여학생이 되어 수학여행이라도 나선 듯 했다. 남편의 고교 졸업 50주년 기념행사 차 시작한 이번 여행이었다. 시끌시끌 얼싸안고 웃어젖히며 즐기는 친구들. 어떤 경우는 그야말로 50년만의 해후도 있었다. 안타깝게도 만나야 할 바로 그 날 세상을 떠난 친구도 있었다. 영안실로 발을 옮기면서 숙연해지기도 했었다.

아뿔싸. 세상에. 내일 일을 우린 정말 몰라요. 오늘 이 시간이 우리의 영원일 수도 있어요.

연회장에 정장을 하고 다시 만난 많이 늙은 친구들. 육백 명의 동기들 중 그 날 모인 친구들은 삼백 명 정도였다. 이백 명쯤은 세상을 떴고 백여 명 중 몇은 소식 두절 또 몇몇은 거동이 불편해서 참석 못 했단다. 그래도 간 사람은 가고, 산 사람은 살아있는 것. 파티는 즐거웠고 오랫동안 기억될 만큼 성대했다.

다음날부터 시작된 남부 제주, 동부 강릉, 서부 전라도 3팀으로 나누어져 떠난 고국관광도 잊지 못할 멋진 시간들이었다. 운동화에 청바지 티셔츠 차림의 60대 청년들의 신바람여행이었다.

전라도 팀을 따라 떠난 여행길. 경치도 경치지만 맛있는 꼬막, 장어, 한우, 복분자술 등등… 그 맛들은 지금도 입안에 뱅글거리며 침을 춤추게 하는 듯하다. 나지막한 파란 산들, 그 앞의 넓은 평야, 곳곳에 흐르는 맑은 물들, 또 풍부한 물들로 가득한 바다같이 넓어 보이는 호수들. 새로 단장한듯 깨끗한 공중화장실들. 진한 초록의 언덕에 가끔씩 보이는 새빨간 꽃들은 예쁜 소녀들의 입술이 뭔가를 종알대는 것 같이 귀여웠다. 먼 산언덕에 흐드러지게 살랑대는 아카시아 꽃들은 옛날의 아름다웠던 날들을 함께 흔들어 주는 듯했다.

이곳저곳 여행한다는 건, 새로운 세상 구경이라 생각한다. 새로운 풍경, 낯선 사람과의 대화, 약간은 불편한 곳에의 적응.

편하게 잘 살고 있던 일상에서, 전혀 접해보지 못했던 알아야 할 삶의 방법들. 너무 기초적인 것조차 모른 채 이렇게 쉽게 살아 왔음이 신기하기도 했다. 내 식대로의 인생만이 아닌, 그들 나름의 생활이 그렇게 진솔하게, 아름답게, 때론 안타깝게 거기 있어 왔다는 건, 다시 한 번 신의 웅대하심을 경외하게 했다. 정말 그 많고 많은 모래알 같은 사람들 중의 하나일 수밖에 없는 내 존재.

앞으로도 기회가 된다면 주저하지 않고 다시 떠나야지. 내 안의 침잠을 막는 가장 좋은 약은 저 밖의 새로움을 내 안으로 쉬지 않고 끌어들이는 것이리라.

아! 귀한 만남들. 값진 짧은 시간들….

눈앞의 여행에서 결국 거두어들일 수 있는 것은 내 안의 아름다운 기억들을 계속 돌려서 아름다운 화면을 고마움으로 보듬어 안는 것이리라 끄덕여 본다.

한 번밖에 없는 삶의 기회가 아닌가. 우물 안 개구리로만 머물다 가기에는 세상은 너무 넓다. 내 안의 타인과도 함께, 저 밖의 타인과도 함께, 어울려 같이 보내는 시간들이 강물 같으면 좋겠다.

흘러 다같이 모이는 곳이 있는 아름다운 광장에서, 손을 맞잡고 마음을 열면 그 아름다움이 곧 참사랑의 멋진 자리임에 틀림없으리라.

대화의 교류가 있는 곳에

추억의 외국영화에서 얼굴이 주름투성이인 노인이 흔들의자에 앉아 색 바랜 사진첩을 뒤적이는 장면을 자주 본다. 전에는 예사롭게 보아 넘겼던 그 흔들의자의 주인공이 바로 나인듯 느껴진다.

1903년 1월 13일은 하와이의 오하우 섬으로 노동 이민 온 86명 한인들의 이민역사의 시작이다.

그 후 많은 한국인들이 미국으로 옮겨와 이제는 거대한 한인사회를 형성하고 있다. 나 또한 한 잎 민들레꽃처럼 이민이란 바람결을 타고 태평양을 건너 이곳 LA 땅에 내려앉은 외로운 이민의 꽃이다.

사람은 환경의 지배를 받는다고 한다. 이민 초기, 나는 문화권이 다른 환경에서 적응하는 일이 쉽지 않았다. 사람을 좋아하고 그들과 말을 나누는 것을 즐겨하던 나에게 소통되지 않는 대화의 단절로 마음에 그늘이 드리워지고 얼굴엔 생기와 기쁨의 표정을 잃어가고 있었다. 그 무렵, 최 선생이란 한국 분을 만났고 그와 행복한 만남으로 이어졌다. 어느 날 그분의 초대로 그 댁을 방문했을 때, 수십 명의 한인들이 모여 있었다. 오랜만에 동족이 함께 하는 즐겁고 편안한 자리였다. 한국 음식이 가득한 풍성한 식탁에서 한국말로 실컷 이야기를 나누는 일은 내게는 눈물겨운 감격이었다. 마치, 푸른 잔디 포근한 초원에 누워 풀냄새와 흙냄새를 맡으며 대지의 영기를 들이마시며 생명의 싱싱한 활력소를 얻는 기분이었다.

어느 해, 철학 교수님을 초청해 강의를 듣고, 토론한 것이 계기가 되어 '한 얼'(30 플러스)이라는 이름으로 출발한 모임이라고 한다. 그후, 나도 '한 얼' 회원이 되었고 지금까지 토론회를 지속해오고 있다.

산다는 것은 오고 가는 것이다. 오고 가지 않으면 고독하고 쓸쓸하다. 모임이 있는 날은 열심히 참석한다.

오늘의 모임의 주제는 '이상 문학상'을 받은 박민규 작 『아침의 문』에 대한 독후감을 발표하며 토론을 갖는 시간이었다. 요즘 문학의 흐름은 낯설게 하기다. 이 작품 역시 낯설어 회원들에게는 좀 난해한 듯했다. "문학이라면 말이죠, 마음이 따뜻해지는 감동이 있었으면 좋겠어요. 몇 장 읽다 내려 놨어요." 탐탁지 않아 하는 회원들도 몇 분 계셨다. 그런데 나는 그 문체에 매력을 느꼈다. '아침의 문'은 새 삶이 시작되는 문이다.

우리 시대가 안고 있는 삶의 문제성을 근원적인 생명의 가치에 대한 파격적인 해석을 통해 새롭게 형상화한 작품이다. 낯익은 것을 낯설게 만드는 '해체' 문학이다. 문학만이 아닌 21세기의 특징 중 하나가 '해체'란 단어다. 특히 구세대에게는 환영받지 못하는 단어이다. 어느 시대든 낯선 것에 대한 도전은 당장은 인정받기가 어렵고 먼 훗날에야 좋은 평가를 받기가 일쑤다.

Learn, as if you are going to live forever.

영원히 살 것처럼 열심히 공부하십시요.

Live, as if tomorrow will be your last day.

내일이 당신의 마지막 날인 것처럼 오늘을 소중히 보내십시오.

한 회원이 이 문장을 낭독할 때 모두는 공감했다. 현대인이 저지르기 쉬운 세 가지의 정신적 범죄가 있다고 한다. 모르면서 배우지 않는 것, 알면서도 가르치지 않는 것, 할 수 있으면서 하지 않는 것이라고 한다. 나는 항상 학생의 마음으로 배우며 살고 싶다. 정신이 고갈되면 우리 인생은 겨울처럼 차갑고 황량할 것 같아서다.

'한 얼' 모임에는 친절한 미소, 따뜻한 인사와 다정한 악수, 칭찬의 말, 너그러운 호의가 있고, 아이디어와 사상, 지혜가 오고 가며 인정을 배우는 만남의 소광장이다. 나는 인간의 향기가 있는 만남이 즐겁고 가슴 설렌다. 민들레의 습성을 따라 이 미국 땅에 뿌리를 내리고 대화의 교류가 있는 모임을 왕래하면서 행복하고 살맛나는 중년여인으로 살고 있다.

겨우살이 산행

지난 주말 오랜만에 겨울 산을 다녀왔다. 눈 쌓인 주차장에서 내려 처음 산길을 오를 때는 따뜻한 햇볕에 실려 오는 훈훈한 바람이 나비라도 춤추며 길을 인도할 듯한 봄 날씨였다. 길섶 옆에는 꽁꽁 언 얼음들이 수북이 쌓인 눈들과 함께 깊은 겨울임을 보여 주고 있었다. 장갑까지 챙겨서 오르는 겨울 산행은 벗들과 더불어 활개를 치며 끝도 없이 이런저런 대화를 나누며 시작했다. 키 큰 나무들을 경이롭게 올려다보며 맑은 공기를 가슴속 깊이 밀어 넣으며 살아 있음을 맘껏 즐겼다. 세인트 안드레스 산맥의 한 골목길. 이 골목 저 골짜기 어느 곳이나 길도 잘 놓여 있고 나무는 하늘을 가릴 듯 울창했다. 아무리 높은 산도 내딛는 한 걸음 한 걸음으로 결국은 올라가게 되는 것. 힘을 아껴야지 다짐하면서 우선은 거북이걸음을 내딛는다.

한 바퀴 돌고 난 옆 언덕의 나뭇잎들은 연두색 잎들로 예쁜 겨우살이Mistletoe들이 주렁주렁 매달려 있다. 마치 겨우살이 농장인 듯하다. 요즘 들어 많은 사람들에게 귀한 약재로 회자되고 있는 겨우살이 아닌가. 암도 이기게 하고 혈압도 낮추고 당 수치도 조절되고 콜레스테롤도 깨끗이 해결해 준다는 등 거의 만병통치의 명물이라고 그 놀라운 약효가 알려진 겨우살이. 독일에서는 이미 삼백여 년 전부터 민간요법으로 중요시되었다고 한다. 그 귀한 것들이 저렇게 떼를 지어 자라고 있어 놀라웠다. 키 큰 나무들의 어깨 위에 20ft.6m 높이쯤에 자리 잡고 있으니 다람쥐 같은 사람이 있다면 모를까 공중에 매달린 자린고비의 굴비 쳐다보기보다도 아까운 일이다. 거들떠도 안 보며 계속 오르기만 하는 일행을 따라 열심히 정상을 향해 걸었다.

산속의 날씨는 예측하기 어렵다. 나도 모르는 사이 털목도리를 꽁꽁 묶으며 긴장되어 어깨를 움츠린다. 눈이 녹아 얼어버린 빙판이 미끄럽다. 갓길의 쌓인 눈을 밟으면 좀 나을 거라며 일행이 거들어 준다. 눈도 꽁꽁 얼어서 걷기가 쉽지 않다. 기우뚱거리며 조심조심 걷는 것이 여간 힘들고 두려운 것이 아니었다. 어차피 지금은 올라가야만 하는 길. 서로의 손을 꼭 잡고 때론 엉덩방아를 찧으면서 겨우 올라섰다. 해냈다는 기쁨이 새로운 활력소를 주는 듯하다.

다시 오르는 길 위로 다가서는 골짜기들이 앞을 막아선다. 끝도 없이 걷기만 해야 할 듯 아득한 기분이지만 정상을 향해 계속 올라야만 했다. 코라도 베어갈 듯 차갑던 순간들도, 카요데가 나온다 해도 도망 못 가고 쩔쩔 매기만 했을 빙판길도 그저 지나가야만 하는 순간들이었다. 어디까지 가야 하는지 지금은 쉴 곳도 없다. 빙판과 쌓여 있는 눈뿐이다. 허우적대며 겨우 올려다 본 새파란 하늘 밑에 산 정상이 보인다. 가슴이 뻥 뚫리며 상쾌한 기분, 평평한 조그만 쉼터의 자리가 있는 곳, 누군가가 백 팩을 내려놓고 돗자리를 꺼내든다. 갑자기 느껴지는 시장기, 펼쳐놓고 먹는 점심은 누가 뭐래도 천하 일미다. 동치미가 담긴 컵이 돌려지고 김밥, 베이컨이 들어간 김치밥, 따끈따끈한 커피, 그리고 따스한 한 잔의 겨우살이 차.

식후 휴식 시간은 박장대소하는 유쾌한 시간이다. 양로원 시리즈로 웃고 정신병원 이야기로 웃고 웃는다. 가능한한 텅텅 비운 백 팩을 메고 내려오는 길은 걱정 다 털어버린 홀가분한 가벼운 마음길이다. 올라오는 어려움이 컸던 탓인가. 내려가는 길은 마치 참새의 발가락이라도 빌린 듯 가뜬하고 산뜻하다. 짐은 가볍고 뱃속은 여전히 포만상태다. 즐거움이란 역시 식후경이다.

겨울 산은 잠깐 사이에 어두워진다. 오늘의 산행은 겨우살이 채취가 목표였다. 겨우 겨우 힘들게 올라와 보니 왜 겨우살이인지 이해가 된다. 겨우살이의 가치가 새로워지는 기분이다. 어두워지기 전에 서둘러서 겨우살이를 따기로 했다. 누군가가 갖고 온 기다란 장대의 끝부분에는 묘하게 생긴 낫이 달려있고 튼튼한 줄도 연결돼 있다. 그 높은 곳에 자리 잡고 있던 겨우살이들이 후드득후드득 떨어져 내린다. 전에는 귀하게 대접받던 못생긴 잎새들이 수북이 쌓인 겨우살이 무리 앞에서는 잘 생기고 싱싱한 것에 밀려서 선택받지 못하고 쓰레기 취급을 당한다. 사람의 마음이란 게 이렇게 간사하구나, 쓴웃음이 나온다. 곱게 부드러운 잎새와 연한 줄기들만 다듬어서 백 팩에 꼭꼭 눌러 담는 일행들의 얼굴이 마냥 행복해 보인다.

손가락은 진초록으로 물들고 추워서 손끝마저 빽빽하게 감각이 없어져도, 계속해서 다듬고 다듬으며 더 큰 자루를 가져오지 못한 걸 속상해 한다. 고생을 마다하지 않고 즐겁게 감수하며 지금까지 지내왔다면 오늘의 우리들 삶은 좀 다르지 않았을까 하는 생각이 가슴속에서 맴돈다. 욕심을 조금만 줄인다면 살만한 세상인 것을 웬 욕심을 그리 잔뜩 끌어안고 미완의 세월을 억울함에만 목을 매고 살았는지 모를 일이다.

행복이란 게 마음먹기 달린 것 아닌가. 빈 가방마다 눌러 담은 겨우살이만큼이라도 만족하면 그것도 다행한 일이라 생각한다. 이런저런 편치 않은 몸을 다스려 주리라는 기대를 채워 줄 겨우살이 차, 몸이 가벼우면 마음도 산뜻해지고 마음이 개운하면 그것도 곧 하나의 행복이고 즐거움이라 생각한다.

눈 쌓인 일월의 꽁꽁 얼어 있는 추운 산에서 뻣뻣해진 찬 손을 코트 주머니에 집어넣는다. 온 몸에 전해오는 포근한 따스함의 기운에 행복함을 느끼며 미소 짓는 이 순간이 은혜며 축복임에 감사한다.

드레스 코드

-표준 옷차림

옷이란 예쁘게 입는 것이 좋다. 단지 예쁘게가 아니라 예의바르게 입어야 멋지다. 세월 따라 변하는 유행 아닌가. 무조건 유행을 따르기보다는 자기 개성에 맞는 옷을 입는다면 옷은 그 사람을 돋보이게 하는 날개가 된다.

미국 오자마자 처음 한 일이 옷가게였다. LACC대학가 옆 동네에 있는 가게였다. 마네킹에 입혀 놓은 옷이 예쁘다고 대학생들이 문 열기도 전에 줄을 서서 기다리기도 했다. 도매상에서 사온 옷들이 그들의 눈에 곱게 보였던 것이다. 때론 내가 입고 있는 옷까지 벗어서 팔라고 떼쓰는 손님들도 있었다. 단골손님도 솔찮게 많이 늘어나면서 장사라는 걸 즐기는 내가 스스로도 신기했다.

30여 년 전, 젊었던 나는 한번 온 내 손님은 이름과 옷 치수 그리고 좋아하는 스타일까지 머릿속에 입력시키고 있었다. 새벽 도매시장에서 내 손님을 위해 사온 옷들은 그들도 틀림없이 내 마음처럼 좋아했다. 이런 일들이 재미있었고 새로운 생활이었다.

어느 날 어린아이들 서넛이 들어와 깔깔거리며 들락거리고 있었다. 뒤이어 들어온 두 여인이 옷을 고르기에 그들을 그냥 놀게 두고 어른들의 옷 고르는 걸 돕고 있었다. 그때 들어온 단골손님이 날 쿡쿡 찌르는 거다. 애들을 보란다. 맙소사. 그애들은 가게의 옷들을 한아름씩 밖에 세워 놓은 자기들의 차로 들어 나르고 있었다. 뛰어나가 본 차 안에는 자잘한 옷들이 수북했다. 내 손님은 저 여자들 핸드백도 보란다. 리본도, 치마 귀퉁이가 손가방 밖으로 빠져 나와 있는 것이다.

나는 도둑 가족에게 마구 당하고 있는 중이었던 거였다. 문을 닫고 다그쳤다. 경찰을 부르겠다고 했다. 하나도 겁나지 않은 얼굴로 슬쩍 웃으며 슬금슬금 옷을 흘려 놓고 나가면서. 차속의 옷들은 이미 차와 함께 사라졌다. 태연히 자기들 차가 아니라며 나갔다.

문을 꼭꼭 잠그고 그 날은 휴업, 나중에 알았지만 그들은 집시가족이었다. 할 줄 아는 건 좀도둑질 뿐이라고 한다. 애들은 학교도 안 보내고 실전 훈련부터 시킨단다. 미국 실정을 모르던 나는 그냥 좋은 손님들만 있는 줄 알았다. 그 일이 있은 후 나는 장사가 겁나고 싫어져서 가게를 팔아 버렸다.

은행 일을 해 보려고 인터뷰를 하는 도중 드레스 코드를 알려 주겠다고 했다. 무슨 말인가, 드레스 코드라니. 정장을 원했다. 진 바지는 안 되고, 운동화는 안 되고 앞이 막힌 구두여야 한다. 맨발은 안 되고 나일론 스타킹을 꼭 신어야 한다. 화장을 해야 한다. 오늘은 화장한 얼굴, 내일은 맨 얼굴, 그런 건 안 된다. 머리는 단정해야 한다. 손톱은 더러워서는 안 된다.

원, 세상에. 그런 건 사실 너무 당연한 일 아닌가. 그런 걸 코드로까지 일일이 설명하다니…. 하지만 그런 것도 당연히 알려줘야 하는 세대가 된 것이다. 젊고 자유로운 세대들을 길들이려면 미리미리 알려줘야 할 테니까. 한국에서 틀에 박힌 직장에서도 견뎌낸 내게는 그런 주문이 왜 필요할까 우습기도 했었다. 생각해 보니 그런 것들이 꼭 필요한 그 직장의 첫걸음이며 손님들에 대한 예의였다.

뒷날 내가 인터뷰를 해야 하는 입장이 되었을 때는 더 절실히 그 필요성을 느꼈다. 어떤 친구는 슬리퍼를 찍찍 끌고 찢어진 청바지에 티셔츠를 입고 나타나기도 했으니까. 때론 배꼽티를 입고 온 여행원을 집으로 돌려보내기도 했다.

세상 살다 보면 지켜야만 할 코드들이 하나 둘이 아니다. 말하는 데도, 친구를 대하는 데도, 때론 자녀, 부부 사이에도 그런 코드는 필요한 듯하다. 지켜야 할 것은 지키며 사는 것. 그것이 자연스럽게 그리 되는 것도 코드를 지키는 데서 시작되는 것 같다.

부부되기 전 두 사람이 만나 연애할 때부터 우리가 챙겼던 첫 번째 코드도 드레스 코드가 아니었나 싶다. 어떻게 하면 나를 가장 잘 보여줄까 하며 색깔이며 스타일까지 꼼꼼히 챙겼다. 개성을 보여주는 첫걸음이기도 하고, 처음 만남에서 함께 살게 되는 그날까지의 조심스러웠던 모든 시간들은 서로의 코드를 맞춰보는 가슴 뛰는 시간들이었다고 회상된다.

10년도 훌쩍 지나 30, 40년을 같이 지내다 보면 우리에게 아직도 그런 가슴 뛰는 코드가 남아 있기나 한 걸까. 아니, 아닌 것이 틀림없다. 집에서는 파자마 스타일이 최고다. 편안하면 됐지 무슨 멋까지. 신혼 초 예쁘게 차려입던 홈드레스는 어디 있는지. 화장, 머리 손질, 그런 거 없이도 우리는 모든 것 속속들이 다 아는 편한 사이가 되었다.

때론 거울에 비친 어수선하고 초라한 낯선 여인의 모습에 놀라기도 한다. '이 꼴이 뭔가. 이건 싫다.' 스스로가 인정할 수 없는 그 늘어진 코드가 정말 짜증날 때도 있다. 어느 땐 전혀 눈에 띄지 않던 후줄근한 행색이 어느 순간 놀라운 충격으로 가슴을 놀라게 하기도 한다. 이러면 안 되지. 내가 보는 내 모양이 싫을 때면, 타인에게는 얼마나 혐오스럽게 보일 건가.

15개월된 손자 녀석도 때론 나를 낯설어 한다. 언제나 단정히 화장하던 얼굴을 부시시 헝클어진 채로 "이리 와" 하면 쓱 보고 뒷발

질하기도 한다. 이게 웬일, 머리도 우수수, 옷차림도 어질어질. 이 정도면 어린 손주녀석에게는 '모르는 당신'임에 틀림없을 것이다. 사람들은 어차피 벌거숭이로 타인을 만나진 않는다. 유아였을 때부터 노인되어 세상 끝날까지 가는 동안, 나 혼자서만 살 수 없는 한 누군가와 함께다. 그가 여보 당신 두 사람끼리라 해도 코드는 지켜야 하리라.

잠자리 날개 같은 잠옷으로 공주같이 예쁘고 아름답게 치장했던 신혼을 되새기면서 살고 싶다. 한집 식구들에게도 단정하고 고운 나를 보여주며 살리라. 이웃을 만날 때도 흉한 꼴이 아닌 서로 환하게 웃을 수 있는 좋은 모습의 차림이고 싶다. 친구들에게도 곱고 아름다운 친구로 기억되기를 원한다. 원하는 만큼 우리는 언제나 노력해야 하리라.

'옷이 날개'라는 말은 아름답다.

우리가 마음에도 습관에도 날개를 달고 산다면, 사람으로 태어난 축복을 한층 더 아름답게 누리며 살 수 있을 것이 틀림없는 것 같다.

웨스턴 길을 왕래하며

한인 타운에서 웨스턴 길을 따라 남쪽으로 계속 달리면, 그 끝은 태평양이다. 25가 길을 지나 언덕을 내려가노라면, 내가 바다를 향해 가는 것이 아니고, 바다가 나를 향해 쏟아져 내려오는 듯하다. 하늘과 바다가 함께 어우러져 구분할 수 없는 흐린 날에는, 눈앞의 무대는 온통 꿈틀대는 구름과 넘실대는 파도가 가득하다. 그럴 때면 망망한 바다에 떠있는 한 조각의 낙엽 같은 외로움을 느끼기도 한다. 하지만 햇빛 찬란한 한낮이면, 창공은 더욱 푸르고 금빛 파도가 출렁대는 넓은 바다는 나를 유혹한다.

웨스턴 길이 바다 절벽 위에서 끝나면 정면에 보이는 수평선 자리에는 카타리나 섬이 자리 잡고 있다. 때론 그 산 정상의 소나무들도 선명하게 보인다. 동부에 사는 젊은이들은 신혼여행지로 손꼽는다는 섬이다. 몇 해 전까지는 전기 자동차들만 다녔었다. 공기를 청정하게 지키려는 노력이었다. 요사이는 휘발유로 움직이는 대형 버스도 다닌다.

웨스턴 길이 끝나면 만나는 바닷가 길에서 좌회전하면 로열 팜, 화이트 포인트, 포인트 훠민의 세 공원을 만난다. 우리 집은 화이트 포인트 공원 건너편에 자리 잡고 있다. 포인트 훠민 공원의 길 건너 언덕 위에는 한국정부에서 미국독립 200주년에 선물로 보낸 '우정의 종각'이 위풍당당하게 자리 잡고 있다. 그 단청의 뛰어난 색상들에 많은 사람들의 감탄이 이어진다. 자랑스러운 솜씨다.

웨스턴 길에서 우회전을 하면 왼쪽으로 첫 번째 집에 사우스 쇼어의 명물인 미스터 메닥의 작은 성채가 자리 잡고 있다. 건축설계사로 성공한 그의 집은 우선 넓다. 아기자기한 정문과 눈을 끄는 멋진 유리창들, 뒤뜰은 로열 팜비치에 연결되는 벼랑이다. 그림엽서에 등장하는 멋있는 40여 채의 집들은 작은 궁전들이다. 저 궁전 같은 저택에는 어떤 사람들이 살까 하며 궁금해 했던 옛날 일이 기억난다.

오랜만에 들른 미용실에서 놀라운 소식을 들었다. "혹시 노 권사님을 아세요?" 로 시작된 미용사의 얘기는 충격적이었다. 며칠 전에 노 권사님의 아들 에릭이 들렀단다. 아버님이 돌아가셨고, 어머니는 아버지가 돌아가신 것도 모른 채 보호 관찰 병동에 혼수상태로 누워 계신다고 했다.

“아니 이게 무슨 일인가요. 권사님은 몇 주 전에도 오셔서 머리하고 가셨는데, 그때는 정말 멀쩡하셨거든요.”

“그래요, 사람 일이란 한 치 앞도 모른다니까요.”

그녀는 계속 얘기해 줬다. 아버님은 운명하시기 전에 어머니가 병원에 혼수상태로 계신 걸 알고, 자기가 죽으면 화장한 후에 그 재를 병에 담아서 보관하고 있다가, 엄마가 세상 떠나면 그 재와 함께 모아서 바다에 뿌려 달라는 유언을 했다고 에릭이 울면서 말하더라며 그녀도 울먹였다.

아침 산책길에 마주치면 그저 “안녕하세요?” 하며 지나치던 한국 사람이 바로 노 권사다. 아침 8시 20분에 집에서 나선다는 여인이다. 내 산책 시간은 새벽 6시 30분에는 시작인데 어쩌다 늦게 나가는 날 만나곤 했다. 그녀와 대화를 나눠 보고 싶어 일부러 9시에 나가서 만났다. 동행하며 걷다보니 그녀는 숨이 차도록 빠른 걸음걸이였다. 자기는 아마도 이 길을 걷는 사람 중에서 제일 빨리 걷는 사람일 거라고 했다. 걷는 속도가 느린 내가 그녀와 맞춰 가며 걷고 얘기하느라 힘들었지만 또 재미도 있었다. 천천히 걸으면서 사방을 돌아보며 감탄도 하면서 즐기는 나는, 맘 잡고 함께 나선 남편도 안 되겠다며 앞서 뛰어가게 만드는 느린 걸음이라고 설명했다. 나는 바람 쐬러 나오고 자기는 운동하러 나온다며 우린 마주보며 웃었다.

대화를 나누다 보니 내 친구를 오랫동안 알고 지낸다고 했다. 내가 모르는 친구의 아이들 얘기도 한다. 늦은 나이에 재혼한 친구의 어린 아이들과 자기가 늦게 낳은 아이들이 친구란다. 나는 어려서부터 집을 좋아해서인지 지금은 부동산을 한다 했더니, 자기는 남편이 건축설계사라 함께 오랫동안 살아서인지 집들에 관심이 많다고 한다. 자기는 웨스턴 서쪽 언덕에 살아서 차를 타고 내려와서 파세오 델 마 길 서쪽 끝에 주차하고 걷는다고 했다. 함께 거기까지 걷자 해서 그러자 했다.

웨스턴 길을 가로질러 메닥의 집을 지난다. 오랜만에 지나는 길이다. 그 옆으로는 여러 집들이 수리 아니면 증축이다. 메닥의 바로 옆집은 새로 짓고 있다. 넓게 자리 잡고 기둥부터 굵직하다. 메닥이 지금 살고 있는 집은 팔고 새로 이사해서 살 집으로 짓는 중이라고 한다. 한참을 더 걸어, 길이 막히는 곳에 주차된 그녀의 차를 타고 집으로 돌아 왔다. 내일도 만나자는 약속을 했는데, 지금 그녀는 중환자실에서 사경을 헤매고 있다.

사람마다 살아가는 방식이 다를 수는 있으나 웨스턴 길에서는 마음과 마음이 연결되는 만남도 있고, 이별도 있고, 새로움도 있는, 사람들의 살아가는 이야기가 흐르는 곳이다.

깊어가는 이 가을에

10월 말부터 11월 중순까지 남편은 토요일 새벽이면 살그머니 일어나 부지런히 어딘가로 떠나곤 한다. 이는 매년 남편의 연례행사이다. 후레스노에서 감 농장을 하는 일본인 농장주에게서 감을 받으러 버뱅크까지 가는 일이다.

아마도 가을마다, 통틀어 한 트럭 정도는 사오는 듯 싶다. 감이 패디오에 상자로 가득 쌓이면 우리 집의 가을은 무르익는다.

단감은 상자에 예쁘게 포장되어 선물로 보내진다. 뉴욕, 노스 캐롤라이나, 루이지애나, 샌디에고, 헤멧 등등…. 남편의 일을 돕는 매니저들에게로 상자로 안겨진다.

내가 가장 소중하게 보는 것은, 감을 껍질 벗기는 남편의 무념무상의 손놀림이다. 나중에 계산해 보고 90분에 120개를 벗겼다고 자랑한다.

예쁘게 껍질 벗겨진 감들은 일정한 간격으로 상자에 놓여 패디오 지붕 위에 얌전히 올라앉아 일광욕을 한다. 첫날의 그 화려한 감색은 푸른 하늘 아래서 더욱 화사하다.

저녁이면, 해 떨어지기 무섭게 다시 지붕 위에 올라가 비닐로 뚜껑을 씌워 밤이슬을 막아주고, 아침에는 비닐을 벗겨 일광욕을 시킨다. 저녁에 외출이라도 하는 날에는 가능한 한 빨리 돌아와서 뚜껑을 씌운다. 그 정성이 얼마나 지극한지 잔잔한 감동이 전해져 온다. 사흘만 지나도 감의 색깔은 퇴색한다. 이미 갈색이다.

껍질만 그렇다고 보여준다. 덥석 한 입 물어 속을 보면, 야리야리 진한 오렌지색이다. 입에 스미는 그 진한 달콤함이라니… 일주일이면 거의 완성단계다.

그렇게 곶감을 만들어서, 하나씩 곱게 비닐 접착 포장지로 싸서, 상자에 차곡차곡 담아 냉동고에 넣어두고 1년을 먹는다.

올해도 첫 번 것은 잘 되었다. 그런데 두 번째 것부터는 온통 말썽이다. LA 날씨답지 않게, 눈이라도 올 것같이 온통 찌뿌드드한 하늘과 안개같이 내리는 비도 가끔씩 선보인 열흘 동안의 날씨가 문제였다.

식구들은 온통 감기로 쩔쩔매고, 전기난로를 켜고 말리려 해도 껍질 벗겨진 감들은 자꾸 검게 변하는 부분이 많아졌다. 그래도 아침이면 행여나 햇빛이 나오지 않을까 기대하며 지붕에 올리지만, 하늘은 계속 어둡게 찡그린 얼굴을 펴질 않는다.

맥없이 저녁에는 부엌 개수대에서 상한 부분을 씻어내고 도려내고 다시 말려보지만, 역시 마음만큼 안 따라 준다며 속상해 한다. 상한 곶감을 쓰레기통에 버리는 남편의 얼굴 보기가 민망하다.

올 가을은 LA에 30여 년을 살며 겪어본 중에서 가장 쓸쓸한 가을이다. 10월 20일부터 시작된 말리부의 산불에서 시작되어 근 열흘 동안 계속되어진 샌디에고, 얼바인까지의 무서운 산불들. 싼타아나 바람에 따른 화재에서 인재까지 겹쳐, 초조하고 화가 나고 울고 싶었다.

온통 매캐한 연기, 길이 막혀 직장도 학교도 제때 못가는 불편함은 그 와중에서는 양반 격이라 했다. 50만 명의 이재민이 생기고, 수억 불이라는 어마어마한 재산 피해도 있었다지만, 숫자가 뭐가 중요한가. 어떤 사람들은 목숨까지 잃었고, 누군가는 가슴이 내려앉았을 것을. 텅 빈 가슴을 채워줄 어떤 것도 우리에게는 없다.

산불 후의 LA날씨는 많이 칙칙하다. 그 엄청난 재들이 어딘가에 계속 머물면서 하늘을 회색으로 퇴색시키고, 햇빛 사라진 거리는 웃음 잃은 여인들같이 맥이 없다. 계속 무언가를 만들어내며, 빨리 빨리 앞서 가려는 사람들의 재주도, 햇빛 잃은 거리를 생동감 있게 만들어 주지는 못하는 것 같다. 자연의 힘 앞에 인간의 나약함이란 이렇게 맥없는 것이구나 생각했다.

오늘따라 쌀쌀한 날씨 덕에 아침 산책 시간이 많이 늦어졌다. 보통 새벽 일찍 집을 나섰는데, 오늘은 늦은 시간에 나섰다. 그 시간에도 여전히 하늘도 바다도 회색일 뿐이었다. 건너편에 자리 잡은 카타리나 섬은 아예 멀리 외유중이신가, 전혀 보이지 않았다. 수평선도 찾을 수 없이 희미한 회색의 부유는 벼랑 밑의 파도를 마치 호수가의 출렁임인 양 보이게 했다. 뭔가 자꾸 가슴이 답답해졌다.

하늘 닮아 함께 회색인 태평양 바다가 좁고 좁은 갯벌로 보일 만큼 바다의 정취가 쓸쓸하다.

원래 가을은 많이 쓸쓸해지는 계절이라지만 강요에 의한 것 같은 이런 허전함은 슬프다. 그래도 믿는 것은 자연뿐이니, 내일은 또다시 새로운 아침을 맞으면서 행복해지고 싶다. 있었던 사실을 없었던 것처럼 잊을 수는 없지만 새로운 날들은 계속 새롭게 맞으며 힘차게 살아가야겠다.

이 가을에, 털목도리 두르고 군밤 구워 먹으며, 겨울 맞을 마음 준비하고, 꽃피는 새봄도 함께 꿈꿔 보련다. 따스한 햇볕의 귀함을 가슴깊이 품어 안고, 어떤 아주 큰 힘이 언제나 나를 이끈다는 것을 기억하고, 자꾸자꾸 작아지는 연습을 해야겠다. 불 속에서 소각되고 있는 모든 것들을 보노라면, 어디에 욕심이 남고, 어디에 자만이 남고, 어디에 큰 '나' 라는 존재가 있겠는가. 태우면서 살아야겠다. 이 가을의 쓸쓸함도 태우면서, 조그맣게 조그맣게 나를 버리면서 감사하며 살아야겠다.

깊어가는 이 가을밤이, 나만의 외로운 밤이 아닌 너와 내가 함께 깊이 사색하며 새로움을 꿈꾸는 아름다운 밤이기를 기다려 본다.

정오의 산책

한낮에 산책을 다녀왔다. 오늘은 오랫동안 억세게 쏟아 붓던 겨울비가 잠시 멈췄다. 털목도리 두르고 코트까지 걸치고 나섰던 어제의 아침 산책으로 콧물 기침이 연속으로 괴롭힌다. 12월 초부터 남편의 응급실행, 병 수발, 그 와중에 쉬지 않고 내리는 LA의 겨울비로 한동안 산책을 하지 못했다.

새해 들어서도 선뜻 운동하러 나서겠다는 마음이 들기가 쉽지 않았다. 어제 오랜만에 나섰던 이른 아침 산책길에서 감기만 안고 왔다. 하지만 창가에 비쳐드는 햇살이 아름다운 날인데 망설이고만 있을 수 없어 정오에 나섰다.

추위를 막을 중무장을 할 필요도 없는 포근한 날씨다. 여전히 회색 구름이지만, 구름 사이로 부챗살처럼 퍼진 해님이 화사하다. 출렁대는 바다 표면은 아침의 불그레한 황금색 찬란함 대신, 작고 반짝이는 수정들이 빛을 발하고 있다.

청초한 하늘은 동쪽의 진한 쪽빛과 서쪽의 연한 소라색이다. 하늘 닮아 바다도 청자색으로 일렁인다. 바다의 물결은 싸리비로 쓸어 놓은 듯, 모시조개의 등을 닮은 듯 잔잔한 줄을 짓고 세레나데의 선율처럼 움직인다.

새벽길에 만나는 오랜 친구들은 없다. 걷는 사람들은 서두름 없이 유유하다. "좋은 아침입니다." 대신, "안녕하세요?" 라고 인사하며 지나간다. 젊은 부부가 자전거 뒤에 조그만 유모칸을 달고 달린다. 유모차는 옛 영화에서 보던 포장마차 형태다. 조그만 포장마차에는 유리창까지 닫혀 있다. 그 안에 두 아이가 앉아 있다. "하이" 하며 손을 흔드니 좋아라 하며 마주 손을 흔든다. 따뜻한 날씨에 어울리는 포근한 인사가 여유롭다.

내가 즐겨 시간 보내는 나만의 전망대에는 카메라를 스탠드에 세우고 한창 바쁜 사람이 보인다. 그 틈새를 찾아 기슭 아래를 본다. 수십 마리의 물개들이 한가히 누워 있다. 벼랑의 중간쯤에 있는 바위 위에는 자그만 새 한 마리가 하얀 배를 보이며 조각처럼 앉아 미동도 하지 않는다. 날카로운 바위 위에 부드러운 하얀 배를 보이며 앉아 있는 순간이 눈을 끌며 가슴이 따뜻해진다. 세상은 많은 것들이 서로 조화되며 아름답다.

30여 년을 같은 길을 걸으면서도 왜 그렇게 새벽 산책만 고집했을까. 해 뜨는 장관과 석양의 황홀함에만 가슴 뛰면서 지냈다. 정오에는 자외선이 강하니까 햇빛을 피하라는 여러 사람의 경고 때문이었으리라. 하지만 옛부터 겨울의 해바라기는 돈을 주고라도 해보려고 애쓰는 일이었다. 봄볕에는 며느리를 밭일 시키고, 가을볕에는 딸들을 내보냈다는 옛 말이 생각난다. 아마도 겨울 볕에는 호랑이 시어머니들이 직접 나서지 않았을까.

길가의 잡초들이 선머슴의 머리 형태처럼 들쑥날쑥 이다. 풍화되고 시들어 바짝 마른 덤불 사이로 어린 연초록의 잎새들이 아름답다. 잎새 떨군 나무들의 줄기 끝에는 연붉은 작은 새싹들이 웅크리고 있다. 비가 조금 더 오고 햇빛이 좀 더 따뜻해지면 곧 새싹이 움틀 것이다.

아침 산책에서는 반짝이는 이슬을 매달고 가슴 뛰게 하더니 정오의 산책에는 웅크린 생명의 힘을 드러내며 싱싱하다. 나의 산책은 즐거운 운동이다. 산책을 하면서 생각에 잠길 수 있다는 건 좋은 일이다. 산책을 하면 머릿속이 정리되고 잡념이 사라지는 것이 고마운 일이다. 산책은 내 생활의 즐거움이 아닌가.

기다리던 손님

아침 9시 반에 엘에이 국제공항에서 손윗동서와 조카를 맞았다. 한참 어렵던 IMF를 보낼 때 둘째 시숙은 유명을 달리 하셨다. 그때 어렸던 조카가 이제는 장성하여 직장 생활에 바쁘다. 살아있는 사람은 원하는 것이 있으면 얻게 된다. 오랜 동안 소식이 오가고, 한번 방문할 것을 고대하며 몇 년을 보냈는데, 드디어 오늘 만나게 된 것이다. 장시간의 비행으로 피곤한 아침일 텐데도 밝고 환한 얼굴로 걸어오는 것이 보기 좋다. 그들은 미국이라는 나라에 처음 오는 길이었다. 동서는 비행기도 처음이란다. 벼르던 잔칫상에 먹을 것 없다는 속담이 있다. 맘먹고 시간 내서 도착한 2주간의 미국 여행이 값진 기억으로 남을 수 있도록 도와주고 싶다.

우선은 조카가 가보고 싶다는 그랜드 캐년으로의 여행이 잡혀 있다. 그 후에 노스 캐롤라이나에 들러서 큰아버님 댁을 방문해야 하고, 뉴욕 구경도 예정되어 있다. 빡빡한 일정을 짜느라 여행사로 또 친지 댁으로 바쁘게 연락하고 다시 번복하며 하루하루가 바쁠 것이다.

당장 오늘은 롱비치에서 열리는 바닷가재 축제의 입장권이 준비됐다. 라 캬나다 시누이 댁에서의 환영 바비큐 파티는 내일 저녁이다. 모레 새벽에는 그랜드 캐년으로 여행이 잡혀 있고, 거기서 돌아오면 곧 그 다음날 새벽에는 노스 캐롤라이나 행이다.

여행 온 사람은 와서 보고 쉬면 된다. 하지만 나는 지금 피곤으로 온 몸이 녹초가 되어있다. 미루고 미루었던 집안 정리와 청소 또 침구 준비가 만만한 것이 아니었다. 더군다나 주로 쓰는 컴퓨터 방들을 내주어야 하는 불편은 보통이 아니다. 책상 위에 수북이 쌓여 있던 책들을 정리했다. 당장 필요하지 않은 것들은 박스 몇 개에 가득 채워 뒤뜰 별채로 옮겨 놓았다.

'아, 목록표를 적어서 붙여 놓는 걸 잊었네. 뭐가 어디 있는지 제대로 생각이 안 나면, 이 상자 저 상자 뒤져서 찾아내기가 쉽지 않은데….' 하며 걱정하지만 이미 상자들은 뒷방에 쌓여 있다. 이리저리 대충 정리를 하고나니 기분만은 산뜻하다.

서둘러 이 구석 저 구석 쓸고 닦아낸다. 시들은 꽃잎들도 잘라준다. 유리창도 닦고 베큠도 돌린다. 힘들여 치우고 보니 기분 좋은 사람은 바로 나인 것을 이 핑계, 저 핑계 미루지 말고 미리미리 정리 정돈해 놓고 살면 얼마나 좋은가 스스로 타이른다. 바쁘다는 핑계로 발 디딜 수 있는 곳만 골라 움직이며 늘어놓고 살았는데, 깨끗하고 산뜻해진 실내에서 귀부인이라도 된 듯 흐뭇하게 혼자 웃는다.

막상 헤아려 보니 우리 집에서 식사할 시간은 일요일과 목요일 조반뿐이다. 남편은 자기가 멀리 유레카까지 가서 잡아 온 전복으로 죽을 만들어야 한다고 야단이다. 어른 손바닥 둘을 맞붙인 크기의 전복은 벌써부터 군침이 돈다. 유레카로 전화해 맛있게 죽 쑤는 법을 알아내서 자기가 만들 테니 찹쌀죽만 만들란다. 그건 쉽게 할 듯해서 그러자 했다. 손님들과 함께 아침 산책길에 나서면서 죽을 뜸들이게 해 놓았다.

물개들이 웅성거리는 절벽 아래의 널찍한 바위들, 수평선 위에 떠 있는 듯 보이는 카타리나 섬, 환상의 야자수 무리들, 보이는 모든 것들이 너무 아름답다는 조카. 그 곁에서 덩달아 기분 좋아져서 돌아왔다. 준비 다된 이끼 빛깔의 연한 초록색 전복죽은 정말 맛있다. 초고추장에 전복회도 일미다. 참 맛있다며 두 그릇을 비워주는 동서가 고맙다.

많은 가족들이 모인 저녁은 갈비 바비큐 파티다. 살면서 만남처럼 귀한 것은 별로 없는 듯하다. 인연이든 우연이든 이루어진 만남에는 감격이 있고 마음에 기쁨이 있다. 더구나 가족으로 엮인 혈연이 되면, 그 끈끈한 관계는 더욱 돈독한 노력의 만남이 된다. 귀국길에 대접받은 고마움으로 반갑고, 오랜 만에 만나서 더 반갑고, 어떤 경우는 사진으로만 보던 친척들의 얼굴을 직접 대면하는 감격을 맛본다. 화기애애한 가족들의 모임은 지상에서 누리는 가장 빛나는 기쁨의 단란한 시간이다. 그 중심에 계시는 시어머님, 어른은 나이만으로도 위엄이다. 그에게서 퍼져나간 자손들이 집안 한 가득이다. 나 하나만 챙기던 이기에서, 둘러보며 하나하나 챙겨 보니, 모두들 얼마나 귀하고 사랑스러운지 가슴이 뭉클하다.

십여 년 전 저 세상으로 훌쩍 떠나가신 둘째 시숙을 함께 추모하며 그리워했다. 산다는 건 살아있는 사람들만의 잔치다. 잔칫상에 불만이 있다 해도 상 앞에 앉을 수 있다는 그것만으로도 충분히 복된 일이다. 내일을 위한 오늘만이 아니라 오늘이 있음에 감사한 마음으로 내일을 보듬어 보리라. 살아있는 순간순간이 곧 기적이라 생각하며 내일부터 시작될 관광이 즐겁고 행복한 여행이 계속되기를 빌어드린다.

4
작은 천국

작은 천국

카메라가 언제나 손에 있으면 좋겠다고 생각은 하지만, 정작 찍고 싶은 순간에는 빈 손일 때가 다반사다. 오늘 아침도 그랬다.

아침 산책을 마치고 돌아오는 길에 앞뜰에서 걷고 있는 공작새 두 마리를 만났다. 조그만 화관을 머리 위에 매달고, 진주처럼 빛나는 초록 목도리를 두른 아름다운 공작이다. 소리를 죽이고 조용히 집안으로 들어 가 카메라를 들고 나갔다. 여전히 거기에 서있는 그들을 향해 카메라의 앵글을 맞췄다. 우람한 체격에 걸맞게 은근히 움찔 놀란 시늉이더니 후드득 쪽문을 넘어 뒤뜰로 날아간다. 계속 쫓아가며 셔터를 눌러댔다. 움직이는 새를 찍는 건 쉽지 않다. 텃밭에도 날아들고 지붕 위로도 날아간다. 담장 위에서도 걷는다. 나도 열심히 그들을 쫓아 다니지만, 그들도 쉬지 않고 나를 피한다. 본채

지붕으로 날아가면 나는 속수무책이다. 지붕 위로는 하늘만 보일 뿐이다.

텃밭에 커다랗게 잘 익은 수박 덩이들이 눈을 끈다. 남편이 정성 들여 가꾸는 텃밭의 대장은 수박들이다. 온통 텃밭을 휘돌아다니며 줄기 뻗고 잎을 키우더니 꽃도 못 본 사이에 애기 주먹만한 수박이 달리기 시작했다. 저런 꼬마가 수박이 될까 했는데, 어느 사이 오늘 보이는 수박은 시장에 내다놔도 많은 사람들이 탐을 낼 만큼 크고 색깔 좋고 싱싱하다. 우리 부부 생애에서 최초의 수확이 될 수박이다. 언제 누구와 먹을까 궁리하는 것이 요즘의 큰 숙제다.

어깨 높이만큼 키가 큰 깻잎도 있다. 여름내 따다가 쌈 싸먹고 나물해 먹었는데 여전히 무성하다. 메뚜기도 자라고 연둣빛 자벌레들도 함께 바쁘다. 벌레 먹은 잎들은 무조건 따 버렸는데, 요즘은 그런 것들은 삶아서 나물로 먹는다. 벌레가 먹을 만큼 싱싱한 것 아니냐는 친구의 한마디가 도움이 된 것이다. 그 아래 고구마 잎들이 한창이다. 땅이 안 보일 정도로 빼곡하다. 고구마 순을 요리해 먹고 싶지만, 하나하나 겉대를 벗겨야 먹을 수 있다는 설명에 아연실색이다. 맛있는 고구마가 주렁주렁 달려 나올 그 날을 기다리며 설레는 마음만 달랜다.

무화과나무를 바라본다. 아직도 연두색인 열매들이다. 한두 개가 조금씩 자색을 띠고 있다. 언제면 먹을 수 있으려나. 올 여름은 유난히 추운 여름이더니 푸성귀들이 제대로 자라지 않는다. 사과나무에도 큼직한 사과가 두개만 달려 있다. 힘없이 뚝뚝 떨어지던 어린 사과들을 씻어 먹었다. 떨어진 낙과인데도 그 싱그러운 맛과 향이 얼마나 좋았는지, 몇 개는 손주들에게도 먹이며 함께 즐거웠다. 그 옆의 천도복숭아 나무는 봄에 활짝 핀 꽃들로 뒤뜰을 화려하게 꾸며 주더니, 올해도 여전히 열매를 맺지 못한다. 내년에는 좀 다르려나 기대하면서 키만 훌쩍 커진 녀석의 둥치를 쓰다듬어 준다. 뒤뜰에는 감나무들이다. 올해는 꽤 많은 감들을 달고 있다. 어느 사이 옅은 주황색을 띠며 의젓이 웃고 있는 것이 대견하다. 대추나무에는 연두색의 어린 대추가 연 걸리듯 졸망졸망 줄을 서서 썬텐을 즐기고 있다. 좀 더 크면 맛있겠다 칭찬해 준다.

복숭아나무는 잎이 만발이다. 지난 달까지 맛있게 따 먹던 백도다. 어릴 때 지치지도 않고 즐겨 먹던 소사의 수밀도 밭이 떠오른다. 우리 뒤뜰의 복숭아가 바로 그 맛이다. 얼마나 고마운 일인가. 하지만, 사시사철 먹을 수 없다는 아쉬움에 그 맛이 더욱 귀하다. 한겨울을 보내고 내년 여름에야 또 그 맛을 볼 수 있을 텐데 벌써부터 그때가 기다려진다.

배나무 곁에 선다. 겹으로 된 새하얀 배꽃을 뒤늦게 피우더니 다 늦은 여름에야 겨우 엄지손가락만 한 배들을 매달고 있다. 기다릴게 하며 속삭여 준다. 언제쯤이고 잘 자란 배는 환하게 웃으며 어깨를 펼 것이다. 맛이란 게 다 똑같지 하던 건 옛 일이다. 같은 과일도 나무에서 직접 따 먹는 맛은 어디에도 비교할 수 없다.

요즘에서야 과일나무도 심어 주고 텃밭을 만들어 준 남편에게 고마워 한다. 차고 지붕 위에 뒹굴고 있는 수박만한 호박도 바라본다. 줄 따라 잎만 무성한 사이로 몇 개 달린 오이를 보면서도 군침이 돈다. 나온 김에 레몬 몇 개 따다가 새콤한 차 한 잔 만들어 마시자 생각하며 레몬을 딴다.

천상천하 그 어느 곳보다 바로 이곳이 천국이구나 하는 생각으로 행복하다.

카메라에 담긴 이 모든 것들이 언젠가는 귀한 추억으로 생생하게 회고되어지리라.

넉넉한 마음

오랜만에 고국의 단풍과 명절기분에 젖어 보리라 작정하고 나선 길이었다. 10월 초순의 서녘 여행길에 보이는 산과 들과 냇물은 그 선명한 빛과 고운 몸체로 가슴에 그대로 안겨오는 정다운 연인인 듯 했다. 엘에이에서는 느낄 수 없던 새빨간 단풍으로 단장하고 웃고 있는 지리산을 달렸다. 단풍 사이로 파란 하늘을 담은 호수들이 자주 보이는 산길, 산굽이를 돌고 돌아도 계속되는 녹의홍상으로 새색시의 맵시를 보여준다. 케이블카를 타고 오르내리던 중에 보이는 짙은 주황색의 감들이 눈앞에 지울 수 없는 선경이었다. 그대로 입에 물면 물기가 촉촉이 온 몸 깊숙이 흘러내릴 듯 잘 익은 연시들도 보인다.

자세히 살펴보니 키가 훌쩍 큰 나뭇가지 위에 엉기성기 달려있는 감들도 보인다. 사람의 손으로 따기에는 높은 곳에 매달려 있다. 엘에이에서 겨우살이 채취하러 산행을 할 때 높은 곳에 달린 겨우살이들을 잘라내던 키 큰 가위가 생각났다. 그것이 여기에 있다면 저 감들도 쉽게 딸 수 있을 텐데….

"아니, 저것들은 까치밥이란다. 한겨울 먹을 것이 귀한 때에 새들이 먹고 견뎌내라고 남겨놓는 거란다."

동행한 언니가 귀띔해 주었다.

까치밥, 먹을 것 넉넉한 곳에서도 다람쥐가 열매를 다 따 먹는다고 속상해 하는 사람들을 많이 봤다. 겨울 찬바람 깊은 산속에서 굶주릴 새들 걱정하며 열매를 남겨 놓는다니 참 아름다운 우리 조상들의 마음 씀씀이다. 그 넉넉한 마음에 감탄이 절로 난다. 좋은 일에 칭찬 한마디만으로 두 달은 살 수 있다고 마크 트웨인은 말했다. 까치밥을 발상한 선조들의 지혜가 존경스럽다. 숱한 역경을 뚫고 무구한 세월을 견뎌온 한반도의 역사에는 이런 따뜻한 이유가 있었구나 하며 감탄했다.

풍족해진 삶을 영유하는 현대인들이다. 전기밥솥에는 언제나 따뜻한 밥이 있다. 사시사철 다양한 종류의 김치가 김치냉장고에 들어있다. 옛 여인들이 어려운 중에서도 정성껏 챙겨내던 손님밥상을 기억한다. 요즘은 밥상을 손수 차려 손님 대접하는 여인을 구경하기 힘들다. 추석 한가위, 일 년에 하루뿐인 큰 명절에도 송편 빚고 빈대떡 부치는 집은 별로 없는 듯 했다. 입맛에 맞는 곳에서 주문하면 시간 맞춰 집에까지 배달해 준다며 "요즘 얼마나 편해졌는데." 라고 한다.

부지런히 치우며 쓸고 닦는 야무진 살림 솜씨도 좋다. 하지만 게을러 뭔가 할 일을 남겨두고도 여유 있는 마음은 더 좋다. 전에는 언제나 종종거리며 바빴다. 내일 일은 모르니까 혹시 사고라도 나면 누군가가 내 흔적들을 보면서 흉보면 어쩌나 미리 걱정하며 쓸고 닦고 치우느라 심신이 파김치되어 살았던 적도 있었다. 살아 보니, 삶이란 언제나 미완성으로 반복되는 것이 틀림없다. 조금만 여유를 갖고 게으르게 살면 몸도 마음도 편안해진다. 편안한 몸에서 웃음도 많아진다.

20대는 20마일로, 60대는 60마일로 나이 따라 빨리 가는 세월이라고 말들 한다. 하지만 꼭 그렇지는 않은 듯하다. 20대를 천방지축으로 보내고 60대가 되고 보니 이제야 여유가 생긴 듯하다. 어떤 일에 흔들려도 끄떡 않는 뱃심도 생긴다. 마구 어질러 놓고도 대충 넘어가는 적당주의가 아닌가. 까치밥을 남겨놓는 넉넉한 마음은 인심이 인색해져가는 세상을 살아가는 우리에게 더불어 살아가는 덕목을 제시한다.

차가운 얼음 사이 신록 틈에서 고개를 꼿꼿이 들고 웃고 있는 연분홍 꽃들이 즐비한 꽃동산을 바라보며 들뜨는 봄은 언제나 새롭다. 짙은 녹음 아래서 영그는 싱그러운 열매들로 벅찬 청춘의 여름은 모든 사람들을 신나게 한다. 한 움큼씩 단물 가득 머금고 웃고 있는 결실의 계절 가을은 또 얼마나 좋은가. 곧 쓸쓸해질 겨울을 알기에 까치밥을 남겨두는 지혜가 자랑스럽다. 겨울 문턱을 바라보는 내 인생의 가을에서 넉넉한 마음은 어디다 비유할 데 없이 아름다운 마음이다.

물결 따라

-꿈길 위에서

앉으나 서나 흔들흔들, 눈을 떠도 감아도 빙빙 돌아간다. 회전하는 좁은 선실의 조그만 원통형 유리창을 통해 바라보는 바다는 계속 출렁이며 힘찬 생명력을 자랑하는 듯하다. 움직이지 않는 바다는 용납되지 않는다는 사실을 태곳적부터 터득해 알고 있는 바다, 그 품에 안겨서 14층 규모의 덩치 큰 관광유람선은 계속 남으로 가고 있다. 로스앤젤레스에서 멕시코 남부 카보 싼 루카스Cabo San Lucas, 마자트란Mazatlan, 푸에르타 발라타Puerta Vallarta까지. 멕시코의 리비에라 미항으로의 7박 8일 간의 여행이다.

이른 아침부터 오락가락하는 빗줄기, 앞으로도 며칠 동안 억세게 겨울비가 내릴 거라는 예보가 이미 있었지만 들뜬 기분을 억누르진 못한다. 비가 온들 대수랴! 7박 8일 동안 외박을 선포하고 떠나는 외유길, 일상을 해결하고 즐길 많은 것들이 준비되어 있는 새로운 곳으로의 이동임에야. 왕복 4일간은 온종일 배에서만 지내고 오로지 3일만을 관광할 예정이다.

천혜의 비경이라고 친구가 권유하던 곳을 향해 떠나는 기분은 어릴 적 소풍을 밤새워 기다리던 바로 그런 거였다. 언제나 외국 여행길의 복잡하고 짜증스러운 승선 수속도 끝낸 후 일주일은 여왕의 손이 될 매니큐어 칠한 손가락들도 튕겨 보면서 우아한 걸음을 내딛는다.

일주일간의 새로운 세상의 이웃들을 흘끔거리는 것도 큰 즐거움이다. 파티복을 몇 벌씩 준비하고 떠난다는 화려하고 들뜬 기분으로 시작되는 크루즈 여행이다. 그런데 나는 이럴 때 한번, 아주 초라해져 보리라 작심한 장난기가 혼자서도 재미있다. 내가 준비한 것은 온통 아침 산책길에 입을 만한 간편한 옷들이다.

뛰어 다닐 일도 없을 테니 운동화도 미뤄 놓았다. 구멍 숭숭 뚫린 분홍색 플라스틱 신발 하나면 족하다. 아니, 그중엔 하룻밤의 파티를 위한 드레스와 샌들도 살짝 챙기긴 했다.

옛부터 옷이 날개라 했는데 날개는 접어놓고 견뎌 보기로 한 것이다. 목걸이처럼 걸치고 다니는 손지갑만한 가방, 깔깔대며 사진 찍을 때 만이라도 좀 벗어 들고 찍으라지만 소매치기 당하느니 보기 흉해도 안전제일이다. 편안한 차림이 처음에는 부끄럽기도 했지만 숨 한 번 크게 쉬고 마음을 다잡으니 세상 속에서 내가 즐길 수 있었다. 드레스 코드 운운하지 말고 왜 진즉 이런 차림을 생각지 못했을까?

배는 화려하고, 사람들은 온통 들떠 있는 듯하다. 곁에 우아한 걸음걸이로 지나가는 여인이 눈을 끌어 다시 보니 아하! 꼭 엘리자베스 테일러다. 부풀려 올린 금발 머리와 봉긋 솟은 가슴, 마스카라 무겁게 매달린 짙은 화장 그리고 틀림없이 칠십은 넘었을 나이. 이제 앞으로 얼마나 많은 멋쟁이들을 만나게 될까?

쉬지 않고 보여주는 화려한 쇼와 흥미진진한 영화 그리고 여러 가지 게임과 언제나 풍성히 준비되어 있는 산해진미의 음식들, 수영장과 찜질방, 잘 준비된 조깅 코스 등등 유토피아가 바로 이곳이다. 즐기기로 마음만 먹으면 시간이 아깝다고 계속 이용할 것들이 잔뜩 있는 곳이다. 하지만 좁디좁은 선실에서 트윈 베드 양쪽 벽으로 붙여 놓고 지내는 일주일은 정말 갑갑할 게다. 쉬지 않고 이리저리 흔들리는 배가 슬쩍슬쩍 어지러워지기도 했다. 다들 이런 공간에서 지내는데… 불평할 수도 없는 것 아닌가?

아니다. 우리 일행이 5층의 100sf.2평쯤의 공간에서 끙끙 숨 막혀 하며 지낼 때, 14층의 가든 빌라 방Garden Villa에서는 6명의 가족이나 친지들이 5,750sf.140평의 넓은 저택에서 그랜드 피아노의 선율을 음미하며 아름다운 기화요초 우거진 정원의 풀냄새로 코끝을 간질이며 우아하게 크루즈를 즐기고 있었던 것이다. 한 사람당 2만 불씩

내고 하는 여행이란다.

이틀간을 쉬지 않고 바다 위를 달려온 이른 아침, 갑판으로 올라선 순간 육지에 비치는 따뜻한 햇살은 그곳의 알록달록한 집들을 보며 미소를 띄게 해줬다. 짙푸른 나무들, 각각의 독특한 디자인과 색깔들로 자리 잡은 주택들, 황금빛 태양의 손짓만으로도 그곳은 충분히 환상의 땅이었다. 카보 싼 루카스, 바위산들의 아름다운 자태와 맑은 공기는 싱그러웠다.

다음날 도착한 마자트란, 창밖을 보는 순간 숨이 턱 막혔다. 검고 웅장한 기암절벽들이 둘러선 바닷가, 모래사장이나 깎아지른 절벽의 해안선에만 익숙한 눈에 놀라운 충격으로 다가왔다. 잘 다듬어 놓은 듯 화려하고 웅대한 거물, 역광을 받아 더욱 검푸르게 보이는 위압적인 검은 바위의 선명한 굴곡, 짙푸른 하늘과 에메랄드 닮은 바닷물 그 사이를 유리창 가득 꽉 채우고 거기 우뚝 서 있는 바위섬들… 아무런 말도 필요 없는 순간이었다. 놀람으로 뛰는 심장만을 살포시 누르며 바라보고 있었다. 이렇듯 자연스럽게 놀라는 경외감은 살면서 몇 번이나 느낄 수 있을까? 두 손 가득 헤아려 볼 수 있다면, 그건 나의 행운이리라.

관광의 마지막 날 만난 푸에르토 발라타, 경비행기들이 이리저리 날아다니는 것이 먼저 눈에 띄었다. 그만큼 볼거리가 많은 곳이리라. 은퇴한 미국인과 캐나다인들이 많이 모여 산다고 한다. 바다와

푸른 숲길이 좌우로 늘어선 다정한 곳이다. 독특한 건축양식들이 눈을 끌고, 곳곳에 옛 영화의 명장면들이 숨어 있는 곳이다. 들뜬 기분으로 회상되어지는 아련한 그 화면들에 겹쳐지는 상인들이 팔고 있는 기념품들도 정답게만 느껴진다. 며칠 동안의 여행으로 가벼워진 주머니가 아쉬워질 정도로 자꾸만 무언가를 잔뜩 사고 싶어진다.

계속되는 이틀간의 바닷길 질주다. 비구름을 머금은 하늘과 하늘 닮아 잔뜩 찌푸린 바다 위에 하얀 포말을 그리며 우리의 배는 북행을 쉬지 않는다.

이제 곧 평상의 집으로 돌아간다.

집이 가까워진다는 게 편안한 기분도 주지만, 왠지 뭔가가 아쉬워지기도 한다. 꿈같이 지낸 일주일이었다. 즐겁기만 했던 공주로서의 시간은 끝났다. 바닷바람 시원하고 미역냄새 코끝에서 유혹하는 나의 집으로 돌아간다. 장미와 제라늄이 예쁘게 피어 있는 나의 궁전이 기다리고 있다는 게 새삼 고맙다.

밥상 차리는 남자

옛부터 여자 셋이 부엌에 있으면 그릇이 깨진다고 했다. 우리 부엌에는 남자들이 하나든, 둘이든 그릇이 깨지고 칼과 수저는 어디로 사라지곤 한다. 사공이 많으면 배가 산으로 올라간다는 옛말이 이상하고도 재미있던 생각이 난다. 어떻게 할까. 부엌문을 잠가 버릴까. 여인들의 생활 무대이던 부엌이 어느새 누구나 드나들며 냉장고에서 주스도 꺼내 마시고, 파 송송 계란 탁 넣어서 아무 때나 라면도 끓여 먹는 온 가족에게 24시간 열려진 공간이 되었다.

직장 생활하는 여인들이 많아진 세상이다. 우리 집도 그랬다. 서둘러 나가면서 이것저것 먹거리를 준비하는 건 쉽지 않다. 수시로 마켓에 들러 잘 만들어진 반찬들을 사다가 그릇만 바꿔서 차려 내놓는 것이, 새로 준비하는 것보다 많아지는 요즘이다.

부엌이 따로 있는 것이 아니다. 이 슈퍼마켓은 고기가 맛있고, 저 슈퍼마켓은 나물이 맛있고 하면서 남의 부엌에서 장만한 맛있는 반찬들이 밥상에 올려진다. 설탕, 조미료가 잔뜩 들어서 못 먹겠다는 투정을 들을 때는 미안하다. 때론 정말 아무 준비도 못하고 서둘러 나가면서 얼마나 속상했는지 그 마음을 몰라주는 남편이 야속하기도 했다.

가끔씩은 낯선 반찬들이 냉장고 안에 자리 잡고 있을 때도 있다. 향긋한 바다내음이 나는 생굴 무침. 자주 눈에 뜨이는 걸 보니 자기 입맛에 맞는 것인가 보다고 생각한다.

주부들이 요리를 할 때 가족 중 누가 좋아하면 준비를 하지만, 스스로가 좋아하지 않는 것은 만들기 힘들다. 시장에 가서도 집어 드는 것은 내 입맛을 유혹하는 재료들일 때가 많다. 그래서 생각해낸 것이 함께 가서 "뭐 먹고 싶은 거 없어?"하고 물어 보면서 생색을 내지만, 실제로는 내가 당신의 입맛을 제대로 모른다는 얘기가 아닌가. 수십 년을 함께 살면서도 아직 정말 무엇을 선호하는지는 제대로 모른다.

무슨 반찬이 제일 좋으냐고 물어도 신통한 대답은 들을 수가 없다. "소금 적게 든 음식!" 얼마 전 담석 수술을 하고 난 뒤 의사가 소금이 몸속에 돌을 만드는 제일의 원인이라고 했단다. 짭짤한 반찬만 좋아하는 나는 아무 문제가 없는데 짠 음식을 싫어하던 사람이 담석이라니 좀 이상하지만 '조심조심, 소금 조심' 하면서 신경을 많이 쓰고 있다. 그러면서도 여전히 짜다고 짜증내는 남편이 너무 밉다. 내 솜씨의 어설픔보다 그이의 타박이 더 싫다. 평양 구경도 못 해 보고 서울에서만 산 아낙을 좀 이해해 주면 얼마나 좋을까. 그럭저럭 30년도 훌쩍 지나도록 함께 살다 보니 내 입맛도 뭔가 달라진 것 같다. 가끔씩은 '와, 이거 정말 짜다'는 말이 내 입에서도 나오니, 신기하다. 맞춰가며 함께 살아갈 길이 멀게 험난하게 훤히 보인다.

이왕에 공들여 만드는 음식, 가능하면 입맛에 맞게 요리하고 싶다. "내가 알렉산더가 아니었다면, 디오게네스처럼 살 것이다."라고 깨닫게 한 석학, 무소유의 풍요를 살았던 디오게네스를 생각한다. 그의 밥상 메뉴는 어떤 것이었을까.

아침엔 자몽 한 개, 저녁엔 고구마 한 개면 충분하다. 가능하면 함께 하는 점심 한 끼가 문제다. 현미 밥 한 공기, 국 한 그릇, 백김치 그리곤 생선 한 토막. 주로 마주하는 점심 상차림이다. 국이 짜다, 생선이 짜다, 그런 투정들을 수도 없이 들으며 지낸다. 요리책을 보며 만들어낸 화려한 접시에 젓가락 한 번 대고 "왜 이렇게 짜"하며 짜증내는 그이가 나를 맥 빠지게 한다.

부엌이 시끄럽다. 냄새가 온 집안에 진동한다. 들어서려던 부엌의 광경이 확 다르다. 거실이 부엌으로 변했다. 안락의자들이 놓였던 자리에는 커다란 도마와 널찍한 싱크대와 오븐들이 놓여있다. 리모컨 단추 하나 누르니 감춰졌던 냉장고가 쑥 올라온다. 또 단추 하나 누르니 깨끗한 그릇들이 잘 정리된 찬장들이 올라온다. 텅 빈 듯 넓고 편안해 보이는 부엌이다.

리모컨으로 모든 것이 오르락내리락하며 요리는 쉽게 만들어진다. 벽을 밀고 나온 큼직한 식탁에 음식들이 놓인다. 그림 좋고 냄새 좋고 활기찬 부엌이다. 이런 걸 로망의 부엌이라고 하는 걸까 하며 가슴이 뛴다. 행복한 얼굴로 부자가 함께 깨끗한 앞치마를 두르고 펼쳐 놓은 요리책을 보면서 춤추듯 움직인다. 신기한 일이다. 남자들이 주인이 되니 부엌의 위상이 달라졌구나 하며 감탄하고 있다.

"잠깐만 이라 와 봐~." 설핏 잠들었었나. 부르는 남편의 소리에 눈을 떴다. 부엌에서 맛있는 냄새가 풍긴다. 식탁 위에는 예쁜 탕기가 놓여있다. 보글보글 끓는 생선 매운탕이다.

"맛있어?" 무조건 최고라고 엄지손가락을 들어 올린다. 건넛집 안토니가 낚시에서 잡아 왔다고 준 생선이란다. 그것으로 연구 또 연구해서 내가 좋아하는 매운탕을 만들었다는 것이다. 식욕이 나서가 아니라 그 따끈한 정성이 고마워 입 속으로 들어가는 숟가락이 마냥 달콤하다.

서로에게 짜증내기보다 오히려 밥상을 한번쯤 차려주는 남자들이 늘어난다면, 값지고 보기 좋은 행복의 울타리가 되리라.

흐르는 세월 따라

태평양 파도의 동쪽 끝에서 서쪽 끝을 바라보고 있노라면, 눈을 비비고 심호흡을 해봐도 낯설기는 여전히 아홉 달 아기의 세상이다. 삼십여 년 전 이민 오던 날, 비행기가 이륙하며 비상할 때 깜짝 놀라고 철렁했던 심장소리는 수십 년이 지나도 여전하다.

그렇다고 삼십여 년 살아온 날들이 속상하고 억울하기만 한 것은 아닌데도 이런 느낌은 변하지 않고 아직도 가슴에 남아있다.

흐르는 것이 세월이라고, 흘러가면 모든 것이 약이 된다고 말들을 한다. 잊혀지면 또 새로운 시작을 맞으면서 여전히 가슴 뛰는 것이 인생 길이라니까 그렇게 믿으며 살아간다.

새해를 맞고 보니 웬일, 지난 날들이 새록새록 새로워지며 그 날의 기쁨들은 어느덧 사라지고, 못내 속앓이같이 명치끝에 얹혀있던 아쉬움들이 버섯처럼 고개를 들며 솟아 나온다.

오래 전, 70년대 어수선하던 시절에 결혼했다.

지금 돌아보면, 참 좋았던 시간들이었고, 예쁜 아가들을 셋이나 낳고도 도와주는 손들이 많아서 힘 하나 안 들이고 귀엽게 키워낼 수 있었다.

하늘 위로 휙휙 지나는 무서운 불빛들과 총소리들이 난무하던 그 때 우리는 청와대 옆 동네인 옥인동 아파트 4층 꼭대기에 살고 있었다.

승차한 버스 안에서 느닷없이 유탄에 맞아 죽는 사람도 있었고, 간첩침투, 간첩체포 등등의 무서운 소식들이 신문에 보도되어 우리들의 삶을 공포감으로 몰고 갔다. 지성인들의 투옥소식, 거기에 맞서서 그들을 풀어달라는 데모, 데모는 그칠 줄을 몰랐던 시절이었다.

불의에 불같이 흥분 잘하던 남편이 아침에 출근해서 귀가가 늦어지는 저녁이면, 가슴부터 철렁 내려앉으며, 어디다 어떻게 연락하고 손써야 하나, 눈물만 가득 고이던 그 불안하던 시간들.

독립된 나라에서 말도 제대로 못하고, 마음 맞는 사람들과 크게 웃지도 못하며, 걷는 길은 온통 살얼음판이었던 시절 속에서 나는 어떤 방법을 동원해서라도 마음 편히 살 수 있는 곳으로 가고 싶었다.

아기들과 즐겁게 뛰놀며 자유롭게 살 수 있는 자유가 그리웠다. 그 무렵 시숙의 초청으로 엘에이 땅을 밟았을 때, 얼마나 다행인가 하며 고맙기 그지없었다.

두 살, 세 살, 여섯 살짜리 올망졸망한 어린 것들을 낯선 땅에 데려와, 우리 아이들과 언어와 얼굴 생김새가 다른 아이들이 모여 노는 놀이터에 내려놓고, 여긴 좋은 곳이야, 너희들은 멋지게 살아야 돼, 하며 엄마의 소망을 속삭여 주었다. 엘에이 도착한 첫날밤에 들른 슈퍼마켓은 얼마나 환하고 깨끗한 대형의 공간이었는지. 아기들은 눈을 동그랗게 뜨고 좋아했었지만, 엄마인 나는 가위에 눌린 듯 가슴이 답답하고 공연히 식은땀만 흘리던 옛 기억이 어제 일인 양 생생하다.

어느덧 삼십여 년 세월의 시간이 훌쩍 지난 지금 혼기 찬 아이들이 결혼을 망설이는 것을 지켜보노라면 뭔가 크게 잘못 돌아가는 세상이 아닌가 하는 생각이 든다. 공포스런 일들이 어른이나 아이들에게 시시때때로 발생하니, 우리는 한 치 앞의 미래를 점칠 수 없는 불확실성의 시대에 살고 있기에 자연히 결혼의 선택은 불안하다. 결혼 안하고 혼자서 견뎌내는 것도 괜찮겠다 생각해 볼 때도 있지만, 왠지 하늘의 이치를 거역하는 것 같은 비애감에 가슴이 저려온다.

하루하루가 다르게 성장해서 행복감을 안겨주는 자식들이 귀하고 고맙다. 아기로 태어나 흐르는 세월 속에 성장하여 소녀가 되고 여자가 되고 아내가 된 '나' 자신과 우리 어른들도 어찌 보면 여전히 미숙한 어린애와 닮은 모습이 있다.

오늘이란 현재를 살면서 흘러가는 세월에 연연하지 말고, 아름답고 편안한 보람의 나날을 만들어 가야겠다.

나이가 들면 여자는 어느 순간 다시 소녀로 또 아이로 변하는 것일까. 그 순환의 고리를 꺾은 후에야 기꺼이, 삶의 시간이 강물에 그물을 던지는 일이라면, 보다 넓고 깊이 그물을 던지는 새로운 새해를 살아가고 싶다.

별천지

에디슨이 지금 이 세상을 구경할 수 있다면, 어디를 보며 가장 흐뭇해 할까. 아마도 그중의 제일은 라스베가스의 야경이 아닐까. 해가 기울면 라스베가스는 기지개를 켜고 눈을 깜박이며 어둠 속에서 그 명성을 드러낸다.

아이들의 여름 방학이 끝나기 전에 라스베가스를 구경을 시켜주겠노라는 큰아들 가족과 함께 라스베가스로 간다. 휴일마다 너무나 많은 사람들과 관광버스로 오갔을 길을, 우리는 일요일 오후에 엘에이를 출발해 화요일 오후에 돌아올 예정으로 단출하게 떠난다.

월요일이 남편의 생일이라 더불어 축하하며 즐기자는 제안에 주저 없이 그러자 한 것이다. 반대차선인 LA로 돌아오는 찻길은 거북이걸음인 양 끝없이 밀려있다. 라스베가스행 차도는 "고속도로는 이렇게 열린 곳입니다!"라는 듯 시원하게 잘도 달린다. 햇살 따뜻한 탁 트인 길, 동행도 마음이 편안한 여름 여행을 시작한다.

환락과 도박의 도시, 사막의 도시, 별천지 라스베가스, "앞으로 살 날이 사흘밖에 안 남았다면 어디에서 보내고 싶은가?"라는 질문에 '라스베가스'라는 대답이 가장 많이 나왔다고 한다. 살아 있는 맛이 아주 진하게 나는 곳, 가슴 터지도록 숨 막히는 대박이 나서 인생 역전할 수 있는 곳, 반대로 항아리처럼 텅 비운 빈털터리가 되는 곳이기도 하다. 아름다운 연인들이 멋진 프러포즈를 하고, 황홀한 첫날밤을 보내기도 한다.

나는 도박도, 환락도 모르지만 화려한 무대에서의 현란한 쇼 관람은 큰돈이 드는 것도 아까워하지 않는다. 번쩍이는 불빛 사이로 사람들끼리 부대끼며 걷고 또 걸으며 어둠이 무섭지 않은 곳도 라스베가스다. 걷는 게 힘들어 땀이 배어 나오지만 힘들다는 소리는 새어 나오지 않는다. 움직임에 묘한 자석이라도 붙어 있는지 빨리 가서 좋은 자리에서 물 쇼도 보고, 해적선 쇼도 봐야 한다. 굉음을 울리는 포탄소리, 용솟음치며 타오르는 불꽃, 거대한 물의 벽이 좌우상하로 꿈틀대는 광활한 발레리나들의 춤, 무섭다고 눈을 가리면서도 할아버지와 아빠의 무등을 타고 잔뜩 흥분한 어린애들… 이런 것들은 라스베가스 거리에 없어서는 안 될 풍물이며 문화이다.

사람이란 본디 이기주의자로 태어나는 걸까. 내가 걷는 동안은 차들이 서주면 좋고, 내가 차 안에 있으면 사람들이 서주면 고맙다.

빈틈없이 움직이는 차들, 사람들…. 걷는 사람을 별로 볼 수 없는 엘에이의 길에 익숙해서일까. 사람들이 물결처럼 부딪히며 움직이는 라스베가스 길이 정겹다. 그 틈에서 물도 팔고, 악기도 연주한다. 들고 있는 모자 안에는 일 불짜리 몇 장과 동전들만 보인다. 일확천금을 꿈꾸는 이 도시에서 그들은 얼마나 벌고 있는 걸까. 백 불짜리라도 놓아주고 싶은 기분이 든다.

우리 방은 34층에 있다. 40평은 됨직한 넓은 두 칸 방에서 일곱 식구가 지낸다. 손주들은 내 침대에서 함께 오르내리며 LA에서도 이렇게 오래오래 같이 살잔다. 귀엽게 윙크까지 해대며 졸라대지만, 정작 잠이 오면 제 엄마만 찾는다. 얼마나 다행인가 생각하며 피식 웃는다.

눈앞에 보이는 수영장이 12개라며 구명조끼만 입으면 수영 잘한다고 자랑이 한창이다. 3층에 있다는 수영장으로 내려간 식구들을 내려다본다. 2층에는 식당과 상가들이 늘어 서 있다. 상가 위로 흰 구름이 뭉게뭉게 떠 있는 파란 하늘이 보이고 공기는 산뜻한 정릉 계곡을 걷는 기분이다. 시냇물도 흐르고 곤돌라 배도 유영한다. 신기한 듯 하늘을 보던 다섯 살 손녀가 말한다.

"할머니, 구름이 안 움직여. 가짜 하늘인가?"

"아니야, 정말 하늘이야!"

세 살 손자가 입을 삐쭉이며 울상을 짓는다.

"그래, 그냥 하늘에 구름이 있구나 하고 보는 거야."

자연 그대로의 하늘보다 더 시원하게 꾸며놓은 실내의 높고 푸른 하늘이 시원하다.

피자 맛이 기가 막힌다는 식당으로 향한다. 생음악으로 연주하는 5인조 악단이 있다. 조용히 울려 퍼지는 아리랑 가락. 얼마나 많은 한국 사람들이 다녀가면 이 곡을 연주할까. 행복한 시간들 즐기고, 좋은 기억만 갖고 가면 좋겠다. 지나가는 여인들의 의상도 볼만하다. 최신 유행과 어울려 인도, 중국 여인들의 고집스런 전통의상도 보인다. 긴 사리를 휘감은 여인, 목까지 단추를 꼭 채운 여인. 한복이 아름답다 해도 이 시간 여기에서 안 보이는 게 왠지 다행스럽다.

저녁도 먹고, 텔레비전에서 한국 방송도 보고 난, 깊은 밤이다. 밤에는 하늘이 땅과 좀 더 가까워지는 걸까. 칠흑 같은 밤하늘과 내 창 밖에 보이는 화사한 불빛들이 손을 맞잡고 속삭이고 있다.

지금 아들은 식구들이 건네 준 주머닛돈을 받아들고 아래층으로 내려간다. 슬럿 머신들이 꽉 들어 찬 방, 담배 연기 뿜어대는 카지노장이다. 손님을 왕처럼 대접해서 왕처럼 돈을 쓰게 하는 곳이다. 아들이 행여 늦게 돌아오면 대박이 난 것이 아닌가 기대되는 곳, 라스베가스의 밤은 대낮처럼 밝고 소란하며 화려하다.

밤마다 솟아나는 인공의 신기루, 그곳 라스베가스는 별천지이다.

봄나들이

귓전에 청량하게 들리는 새들의 지저귐이 더욱 가깝게 들리는 새벽이다. 긴 겨울 동안 굳게 닫혀있던 창문을 살며시 열어보고 싶은 햇살이 좋다. 봄볕이 따스한 3월의 마지막 주말을 샌디에고의 토리파인 공원에서 보냈다.

틈만 나면 60마일의 먼 거리를 오가면서 담소하며 정답게 지내던 삼십여 년 된 친구가 직장관계로 애리조나로 이사 갔을 때, 꼭 찾아가겠다던 약속을 지키지 못하고 십여 년을 보냈다. 친구는 몇 년 전 또다시 직장 따라 샌디에고로 이사를 왔고 찾아 가야지… 벼르기만 하다가 드디어 만나러 갔던 나들이다.

우리의 도착시간에 맞춰서 찾아오신 근교에 사시는 이 선생님 내외분과 함께 만난 세 쌍의 친구들은 기쁨으로 기분이 풍선처럼 들떠 있었다. 함께 떠나 도착한 곳은 샌디에고의 유명한 골프장이 있는 토리 파인 공원Torry Pine Park이었다.

언덕 위 하늘에는 흰 구름이 뭉게뭉게 떠다니고 있었다. 언덕 아래에는 파도가 몰려와 하얀 포말을 남기고 있었다. 출렁이는 파도를 바라보노라면 내 몸의 피돌기 같아서 기운이 솟는다.

"어쩜, … 이렇게 아름답고 시원할까." 들뜬 기분으로 등산 아닌 하산이 먼저 시작이었다. 내심으로는 되돌아 올 일이 걱정이 되기도 했지만 이미 들어선 길, 그저 따라 내려가는 수밖에 없었다.

굽이굽이 돌아가니 마치 유타 주의 멋진 돌산같이 빚어 놓은 듯, 조그만 신전 같은 조각 작품의 붉은 돌 벽이 나타났다. 그저 산책이나 하리라 별 기대하지 않았던 터인데 새로운 감동으로 가슴이 뛰었다. 사람들마다 사진 찍기 바쁜 전망대View Point. 양 옆으로 양귀비Poppy, CA 州花 꽃들, 선인장 꽃들, 연보랏빛의 두릅 꽃들… 샛노란, 새빨간 꽃들, 꽃들. 돌아 나가면 눈앞으로 쏟아지는 듯 가깝게 느껴지는 검푸른 파도들.

바닷바람이 시원한 산길은 힘들지 않았다. 요리조리 돌고 돌아 밟은 촉촉하게 젖은 모래사장. 두 손 짝 펴고 걷던 중 드디어 눈에 띈 귀여운 조그만 조약돌들, 검은 색, 벽돌 색, 순백 색. 집어 들면 더 귀엽다. 하나 둘 줍다 보니 어느새 한 주먹 가득이다. 주머니에 집어넣고 이제는 아주 조그만 조개껍질들도 집어 본다. 어떤 때는 살아 있는 조개들이 쫙 깔리기도 한단다. 이런 것들을 볼 때마다 신기하고 놀랍고 아름답다.

녹두 알만한 하얀 조개껍질을 집어드니 열 달된 손주의 얼굴이 겹쳐 보인다. 조그만 것들이 참 귀하게 느껴지는 건, 자라서 성장하는 미래를 같이 보는 때문일까. 그 많은 가능성들 때문에 손을 잡는 것도 순간 조심스러웠다. 이렇게 잡아 줄까 저렇게 말해 줄까. 바다와 언덕길을 지나면서도 연상 보이는 듯한 아가의 얼굴과 느껴지는 숨결은 자연의 봄에서 느끼는 생명의 아름다움이다. 연한 연두 빛 잎새들은 보드랍기가 아기들의 살결 같다. 자라서 빳빳한 초록 잎사귀 되듯 아기들도 자라서 제 나름의 꽃을 피우며 꿋꿋한 청년들이 되겠지.

봄이라고 반기는 순간 어느새 봄은 뒷모습을 보이며 멀어져 가듯, 병아리 같은 어린 생명들이 봄이라면 그들도 머지않아 녹음이 짙어지는 여름으로 변하게 될 것이다. 뜰에는 조그만 텃밭이지만 토마토, 오이, 고추도 심고, 파릇파릇 새순이 돋아나 다시 화려해지는 수국의 우아함도 미리 많이 사랑해 줘야겠다. 생긋거리며 '어!', '아!' 로만 즐겁게 표현하며 두 손 벌려 모든 것 얘기하는 아기들. 그 손길 따라 인생의 봄도 풋풋하게 냄새 맡으며 품어줘야겠다.

봄. 모든 것을 자세히 들여다보게 하는 봄. 문 밖의 봄을 즐기듯이 문 안의 봄도 즐겨야겠다. 문 안의 봄을 문 밖으로 이끌어 문도 없이 온 세상을 봄으로 느껴 보고 싶다. 아가야, 이 따사로운 봄을, 연분홍의 봄을 포근히 즐기자.

"그녀와 춤을 추다니…/ 봄이 품에 안긴 것 같고/ 라일락 가지나 새끼 고양이를/ 잡은 것 같구나!"

톨스토이의 ≪전쟁과 평화≫에서 안드레가 나타샤를 보면서 들뜬 기분으로 중얼대던 말이 봄에는 구름같이 흘러든다. 예나 지금이나 모든 것의 시작은 봄으로 표현된다. 봄이 품에 안긴 것 같다니… 얼마나 정확한 표현인가. 온 희망을 꼭 끌어안았으니 사랑만 주면 꽃은 분명히 피어날 것이다.

샌디에고의 명소라는 휘델Fidel's 멕시칸 식당에서의 맛있는 점심도 즐거웠다. 점심 후에 차 한 잔 하고 가라 권하시던 이 선생님 댁에서는 한글로 또박또박 적어주신 할머니의 가훈이 적힌 조그만 족자도 보았다.

"사람 저마다 재물을 사랑하지만/ 나는 오로지 내 자손 어질기를 바란다./ 인생에 있어서 가장 보람되기로는 책과 벗하는 일이며/ 더없이 소중한 것은/ 부지런하고 알뜰함에 있지 않으랴/ 이를 너희들의 가훈으로 삼으리."

알고 보니 이 여사의 친정어머님의 당부라 하셨다. 그냥 쉽게 읽기는 했지만, 그 많고 많은 말들 중에서 이렇게 간단히 간추린다는 것도 쉽지는 않은 일이라 감탄하였다.

우리를 초대해 준 박 선생님 댁은 바다의 밀물 썰물까지 한눈에 볼 수 있는 경관이 좋은 위치에 있었다. 가슴이 뻥 뚫린 듯 시원한 바다를 바라보면서, 맛있는 저녁을 대접 받으며 나누는 대화는 마음에 기쁨을 주는 사람 사는 즐거움이었다. 봄빛은 내 가슴을 부드럽게 열어놓고, 향기로운 추억을 안고 돌아오는 봄나들이기에 내 작은 품으로 받기에는 너무 벅찬 감격이 한층 더 크다.

부부 이야기

드라이브 웨이를 벗어나며 우회전을 하리라 마음먹고 좌우를 살피는데 남편이 손가락으로 오른쪽을 가리킨다. 그 손짓이 나를 화나게 한다. 빨개진 얼굴로 우회전하면서 숨도 가빠진다. 왼쪽으로 가는 지름길이 도로공사로 한동안 막힌다는 공고는 한 달 전부터 있었다. 다 알고 있는 사실인데, 오늘도 그는 나를 가르치고 있다.

지난 날 십수 년을 교사로 지낸 남편의 직업병 탓일까. 내가 알아서 할 일들에도 꼭 남편은 나를 학생 가르치듯 하여서 그게 나를 짜증스럽고 때로는 심히 불쾌하게까지도 한다.

방문을 꼭 닫아 버렸다. 분노로 들끓는 가슴을 억누르기 힘들다. 남편은 남편대로 소리소리 지른 후 어지러워하며 누워 있다. 주치의를 찾아가야 하는 바쁜 시간에 부부 사이에 벌어진 일이다.

금요일 오후 9시에 응급실로 들어간 남편이 생사의 기로를 헤매다 겨우 진정되어 퇴원한 월요일 오후까지 전혀 연락이 안 되던 주치의였다. 그동안 수십 번 주치의를 원망해대던 내가 걱정스러웠나 보다. 그를 만나면 절대로 원망하지 않겠다는 약속을 하란다. 지금 원망한다 해서 내게 돌아 올 그 어떤 이익도 없는데, 이미 지나간 어려운 시간들 때문에 이제 또 무슨 말을 한들 무엇하냐며 굳게 마음 가라앉히고 있는 판에 또 그런 충고를 하는 남편에게 화가 났다. 다툼의 큰 소리가 오간 후 의사와의 약속 시간도 뒤로 미룬 채 서로 문을 닫고 흥분을 진정시키고 있다.

우리의 주치의는 십여 년을 함께 해준 내과의사다. 나는 위급 상황이 일어나면 주치의가 도와주리라 믿고 있었다. 하지만 수혈을 하며 창백하게 누워있는 남편을 도와 달라고 의사에게 전화했을 때 "위급 상황이면 911로 전화하십시오. 진료 시간은 월요일에서 금요일 오전 8시 30분부터 오후 5시입니다."라는 음성 메시지만 응답하고 있었다. 기가 막혀서 발만 동동 굴렀다.

병상에서 남편은 "요즘 시스템이 다 그런 거야. 의사도 직업일 뿐이야. 월~금요일 오전 8시 30분에서 오후 5시까지만 외래환자를 받는 그런 직업을 가진 직장인이란 말이야. 그 이후의 시간은 자유시간이야. 더군다나 지금은 주말이라 가족과 한창 즐겁게 여행 중일 수도 있고 친구들과 등산을 갔을 수도 있어. 왜 그의 자유를 뺏으려 하는 거야?" 하며 호통이다. 맞는 말이다. 알면서도 속이 상한다. 엄마 찾는 젖먹이같이 주치의가 꼭 있어야 마음이 놓일 듯한데, 그와는 연락 두절인 것이다.

누구를 그토록 애타게 기다려 본 적이 없었던 것 같다. 주치의만 왕진 오면 남편의 아픔은 절로 괜찮아질 것만 같은 심정이었는데 월요일에도 그는 전화하지 않았다. 주치의가 곧 달려와 얼마나 혼나셨느냐고 손이라도 잡아주기를 기대했던 것이다. 하지만 무소식이었다. 오늘 화요일에서야 전화했더니 곧 오라해서 약속을 하고 나서려는 길에 우리 부부의 다툼이 생긴 것이다. 오후로 약속을 미뤄 놓고 이렇게 책상머리에 앉아 있다.

한 박자 늦춰서 마음 편하게 해줄 수는 없었나. 지금이라도 "미안해요" 라고 사과를 해서 마음 편하게 해줘야 하는 건 아닌가. 마음은 굴뚝 같지만 말은 안 나온다. "괜찮아, 그냥 하던 대로 해." 복합적인 감정이 내 속에서 갈등하면서 부엌으로 가 점심상을 차린다. 멀건 죽과 주스, 요구르트와 젤로. 병원에서 지내는 3박 4일 동안은 금식이었다. 어제부터 겨우 시작한 음식이다. 기운이 다 빠진 남편에게 말다툼을 한 나는 철없는 아내가 아닌가.

여자의 마음은 갈대와 같다고 했던가. 괜찮아, 괜찮을 거야 하며 다짐하는 마음으로 "점심 잡수세요." 하며 남편을 부른다. 마음이 못하는 일이란 하나도 없는 것 같다. 해쓱한 얼굴로 수저를 잡는 남편을 식탁에 남겨 놓고 돌아서며 부부란 서로 미워하고, 서로 싸우고, 서로 고마워하기 위해 만난 인연이라는 생각을 새삼 하면서 하루 속히 남편의 건강이 회복되기를 기도하는 심정이다.

제자리

사과 꽃향기 짙은 삼월이면 우리 부부를 초대하는 친구가 있다. 온 가족의 생일이 삼월에 있어, 한 번에 자축하는 오랜 벗이다. 남매를 키우며 남편의 회사일도 함께 돕던 친구다. 아플 수도 아플 틈도 없이 할 일이 순서대로 기다린다며 집안 일, 회사 일도 깔끔히 처리하던 그녀다. 어떤 일을 해도 주부의 자리에 있을 때가 제일 행복하다고 말하곤 했다. 그 자리가 흔들리면 집안의 대들보가 흔들리는 것 아니냐고 친구 남편이 맞장구를 치곤 했다.

먼 교외로 이사 간 후 한 번 들르라고 연락이 왔다. 비 그친 3월에 운전하며 가는 교외의 한적한 길은, 바라만 봐도 무척 평화롭다.

도착한 집은 야산을 낀 넓은 터에 자리 잡고 있었다. 차에서 내리자마자 어서 따라오라는 그들의 요청에 뒤뜰로 들어섰다. 튼실한 닭들이 부산히 움직인다. 따뜻한 햇볕 아래서 닭들을 보고 있노라면 세상만사는 뒷전이고, 역동하는 삶의 아름다움에 매혹되어 두세 시간이 훌쩍 지나간다고 한다. 어느새 나도 닭들의 움직임과 속삭임에 시간가는 줄 모르고 어울려 있었다. 닭장을 뒤로하고 본채로 돌아오는 텃밭에는 짙푸른 야채들로 가득했다.

현관문을 열고 들어서니 정면 벽에 걸린 커다란 가족사진이 우리를 맞는다. '아, 바로 이 사진이구나. 그때, 마지막이라며 찍었다던 그 사진.'

"왜 이렇게 기침이 계속되는지 몰라."

"고개를 숙이려면, 마치 누군가가 내 목을 송곳으로 찌르는 듯 아파."

겁난다고 망설이더니, 병원에 가봐야겠다던 벗에게서 한동안 소식이 없었다. 잘 지내겠지 하고 잊고 지낼 때, 폐암 말기라는 진단을 받았다며 그녀의 남편이 소식을 전해 주었다.

"한 달, 그 정도밖에 안 남았다는군요."

한국에 사는 출가한 딸의 가족까지 다 모여 영정사진을 찍는 마음으로 찍은 가족사진이다.

모든 병의 근원은 음식과 운동 부족이라고 그녀는 단정했다. 딸의 도움을 받으며 채식을 하고, 남편의 도움을 받으며 아침이면 바닷가 길을 산책했다. 얼마 지난 뒤에는 넓은 터 딸린 공기 좋은 교외로 이사도 했다.

모든 사람이 똑같이 부여받은 시간이지만, 배정받은 시간은 개개인에 따라 다르다. 부지런히 움직일 때와 게으르게 늘어져 있을 때의 한 시간은 전혀 다르게 느껴진다. 친구의 마지막이 되리라던 한 달은 기적을 불렀고 호흡이 있는 생명으로 제자리를 지키고 있다. 방사선 치료를 받느라 빠진 머리는 예쁜 모자로 가리고, 뒷산에 올라 산책을 하고, 가능하면 등산도 열심히 한단다. 친구의 생에 대한 열정이 제자리 보존으로 오랜 세월 계속되고 있는 것이다.

오늘 만난 그녀의 검게 탄 얼굴은 자연의 모습을 닮아있다. 차려준 점심은 현미와 야채가 어우러진 소박하고 건강한 밥상이다. 후식으로 담아놓은 배, 블루베리, 블랙베리, 딸기에서 나오는 진한 색깔들이 강한 삶의 의지를 보여준다. 대부분의 사람들은 암 말기라는 진단에는 마음이 먼저 꺾이기 일쑤다. 그러나 그녀는 달랐다. 아직은 때가 아니라는 강한 의지로 병마와 싸워 이겨낸 것이다. 이제는 회복된 건강으로 주부의 자리에서 손님대접도 한다.

어려움을 극복하고 나온 사람을 곁에서 바라보는 것은 감동이다. 제자리를 지키며 어떤 상황이라도 이겨내는 것, 그보다 더 아름답고 귀한 것은 없는 것 같다.

아름다운 날들이기를

오싹한 찬 기운에 이불로 어깨를 감싸 안는다. 덥다고 열어 놓고 잔 유리창의 틈새로 서릿바람이 스며든다. 어젯밤에도 여름 뒤끝이 질기기도 하다며 창문이 열렸나 확인까지 했는데, 이런 차가운 아침이라니. 안개가 자욱해서 창 밖에는 봄비라도 내린 듯 물방울들이 흘러내린다.

한국에서는 절기마다 초복, 중복, 말복, 입춘, 하지, 처서… 하며 쓰여 있는 달력을 보며 날씨도 대충 짐작하며 살았는데 LA에서는 언제나 따뜻하다는 선입견으로 여름의 끝과 가을이 두루뭉수리 넘어가는 듯하다. 준비 없이 맞는 차가운 초가을의 아침은 깜짝 놀라도록 낯설다. 한두 해도 아니고 30년을 넘어 살면서도 가을 감기를 무척 심하게 앓으며 지낸다. 무거운 눈으로, 결리는 몸으로 맞이한 추석이다. 밝은 달도 나를 닮은 듯 휘황한 진주 빛이 아닌 멀건 덜 익은 감빛이다. 하늘에서 밝은 달도 보고 감빛도 생각해 내는 걸 보니 감기가 좀 나아진 건가.

오늘은 오랜 지인인 시인의 고희기념축하연에 초대 받아 120마일190km쯤 멀리 떨어진 팔로마 산자락의 장미농원을 다녀왔다. 교외로 빠져 나가니 단풍은 없는데도 푸른 나무와 메마른 흙들이 쓸쓸한 가을 정취를 풍기고 있다. LA의 색깔은 사철의 변화가 없는 듯 보이지만, 그 똑같은 초록으로도 봄, 여름, 가을, 겨울의 분위기는 분명히 다르다. 먼 산의 거무튀튀한 초록의 능선들, 그 앞으로 야트막한 언덕에는 흙과 바위 사이에 키 작은 나무들이 있다. 물감이라도 뿌려 놓은 듯 맑은 사파이어 색으로 한층 드높아진 하늘, 그 아래서 산등성이에 편안히 두 손 걸쳐놓고 미소 지으며 쉬고 있는 하얀 구름들. 이런 풍경은 달리는 동안 계속되는 그림이다. 초록만으로도 싸늘하고 아름답다. 도착한 농가의 정문 앞 감나무에는 몇 개의 빨간 감이 주인보다 먼저 반겨준다.

25에이커의 농장 울타리는 사방으로 감나무가 둘러 서 있다. 여전히 연두색으로 달려 있는 감들. 그 사이 몇몇은 연하게 감색을 띠고 있다. 나도 몰래 입 속으로 달콤한 맛이 스며들어 침을 삼킨다.

고희古稀! 어렸을 때는 환갑, 고희는 자주 듣는 말이 아니었다. 까마득히 먼 훗날의 일들이라 짐작하기도 힘들었다. 고희라고, 토끼띠 친구들이라고, 그만큼은 늙은 장년들이 웃는다. 그 웃음이 넉넉한 추수의 웃음이기를 믿어 본다. 그들의 웃음 곁으로 떨어져 흐르는 낙엽을 보며 젊은 막스Karl Marx의 신선한 주장이 함께 흐른다. 당신들은 열심히 능력껏 일하셨나요? 누군가 필요하다면 나눠줄 수 있는 마음은 가지셨나요?

내 대답을 나도 모른다. 나도 언젠가는 고희를 맞으리라. 삶이란 죽음과 같이 사는 것이라고들 한다. 제한된 나의 시간이다. 시작과 끝이 틀림없이 있는 나의 시간을 생각해 본다. 때가 되면 언제나 끝의 가능성을 계산하면서 결단을 내려야 한다. 한 번 지나간 것은 이제 없는 것 아닌가. 우왕좌왕 하다 보니 환갑의 문턱을 넘어섰다. 사랑의 뜨거움이 아닌 고희의 쓸쓸함을 매달고 시위를 떠난 아폴로의 화살이 내게로 날아오는 것이 보이는 듯하다. 내 생의 봄과 여름은 치마꼬리 감싸쥐고 등 뒤로 물러섰다. 다시는 내 앞으로 오지 않을 것이다. 어느 틈에 스며드는 서늘한 가을바람을 맞으며 쓸쓸해진다. 앞에 보이는 것은 가을 그리고 겨울이 그 뒤에서 나를 바라보고 있다. 겨울이 오기 전에 이 가을을, 노을 속으로 아름답게 건널 수 있는 징검다리로 만들어야겠다.

이제 가을이다. 하늘 가득한 구름의 색깔이 시시각각으로 변한다. 점점 짙은 선홍색을 띤다. 세상이 온통 빨갛다. 하늘을 그대로 담아내는 바다도 빨갛다. 쏟아져 내리는 하늘의 빛과 그 빛을 받아 잔잔히 흔들리며 부서지는 바다의 허리띠인 수평선에 황금빛이 찬란하다. 새댁의 환한 미소를 보여주던 둥근 태양은, 초가지붕으로 또 치즈 조각으로 변하면서 순식간에 사라진다.

황금빛은 태양과 함께 사라졌지만 붉은 하늘과 바다는 여전하다. 이 귀퉁이 저 귀퉁이에 진한 회색이 스며 번져간다. 그 구름을 보면서 내 인생의 구름들도 붙잡아 본다.

하늘이 언제나 맑은 하늘이어야 하는 건 아니다. 구름 없는 하늘에서의 석양은 운치가 없다 . 입 속에서 왕사탕 하나가 녹아 사라지듯, 동그랗던 해는 훌쩍 혼자 넘어간다. 구름이 있어야만 그 여러 가지 색깔들이 어우러져 때론 가슴 뛰게 황홀하고 어느 순간에는 미어지는 가슴으로도 억제 못하게 통곡이 되어 터져 나온다. 돌아보면 내 살아온 날들에도 얼마나 많은 구름들이 뭉쳐오고 흩어져 갔던가. 내게 다가올 황혼도 그저 심심한 색깔은 아닐 거라고 생각해 본다. 희끄무레한 보라와 칙칙한 감색으로 어우러진 해변의 가을 색을 보면서 내 속에 부는 스산한 가을바람을 얇은 숄로 감싸 안는다.

이제쯤 나의 판도라의 상자에 담긴 신의 선물 중에는 무엇이 남아 있을까 궁금하다. 그래도 여전히 그 속에는 희망이라는 마지막 선물이 웃고 있다고 믿는다. 그러면서 욕심을 부려 본다. 나의 가을은 보듬어 안고 싶은 황혼의 화사함과 다정한 벗들이 함께하는 풍성하고 아름다운 날들이기를.

5

Out of this world

Out of this world

Two Cosmos Flowers

Out of this world

If Edison were to see today's world, which sight would he be most satisfied by? Perhaps the night lights of Las Vegas? Its magnificence can make hearts beat even faster with flowering fireworks up above. Before the summer is over, we're on our way to Las Vegas with my son's family. Along with others who take off on tour buses over the long holiday weekend, we left today, a Sunday afternoon, and will return Tuesday. With my husband's birthday on Monday, we were convinced in no time. The opposite traffic to Los Angeles is crawling like a turtle. Our side moving to Las Vegas is very comfortable as if the freeway is reminding us "This is what the freeway is like!" We're headed towards our vacation with speed, cool breeze and under the warm sun with loveable family members.

A city of pleasure and gambling, a desert city… a city truly out of this world. I heard that many people, if given only three days to live anywhere, choose Las Vegas. It's a place where you can feel alive. There can be heart pounding jackpots or instant total losses. Beautiful marriage proposals are made and many exciting first night together are spent. I am not interested for gambling or night life, instead there are also glamorous stages that put on expensive spectacular shows. Walking amidst bright lights and other people, dark is never feared in Las Vegas. Everyone may feel themselves sweat but never peep how tiring it is. There's a strange magnetic force in the movement of people. One must hurry to find good seats for the water show and not miss the pirates show. Piercing canon blasts, fuming fires, enormous wall of water curving left to right and top to bottom… despite hiding behind their hands, the children are excited atop their dad and grandfather. For them we walk tirelessly, pushing along the stroller.

There must be innate selfishness in all of us. While we walk we wish the cars would slow down for us yet when we drive, we thank those pedestrians who wait. Small spaces between moving cars and people… I must've gotten used to the Los Angeles streets where people don't really walk. People walking in masses, brushing against each other, feel like undulating waves. The Vegas streets feel

friendly that way. They even sell water and play instruments amidst the wave. When you signal one of the water sellers, you'll notice only a little money in their hat. In the city where dreams of fortune are dreamt, I wonder how much those people even make. I feel like giving away hundred dollar bill.

Our room is on the 34th floor. Our two families of seven nicely fit into the big suite. My grandchildren jump up and down on the bed and say they want to live together like this in LA too. Their cute winks are convincing but when bedtime comes, they look for their mom. I smile thinking I'm lucky.

They boast they can swim quite well with life jackets on as they look out the window, down to a dozen or so swimming pools. I watch them swimming on the third floor deck from our room.

There are restaurants and stores on the second floor. The ceilings of the shopping area are painted white clouds that seem to float while fresh air beats any mountain. Water flows with gondolas float. My 5 year old granddaughter asks while looking up, "Grandma, the clouds are not moving. Is it fake?" "No, they're real!" exclaims my 3 year old grandson, sounding upset. "The clouds in the sky are relaxing. Just relax." The interior sky feels more refreshing than the natural one.

We're headed towards a restaurant that's famous for their pizza. There's even a quintet. There's a quiet "Arirang" playing in the air. They must accommodate for all the Koreans who visit here. I hope I have a good time and take the good memories back. The women's fashion is quite a sight too. Among

latest trends, I also spot traditional Indian and Chinese garbs with a long sari and buttons up the neck. Hanbok is beautiful but I feel a slight relief that non are in sight here.

After dinner and watching some Korean programs on cable, it's getting late. The sky must be getting closer to Earth at night. The pitch dark atmosphere seems to be holding hands and whispering with the brilliant lights down below. My son goes downstairs with some money. The cigarette smelling casino would surely disorient Edison with flashy slot machines that tirelessly wink at people. Enjoy the

Vegas night among the wave of people and smoke. If he comes back late, I momentarily think, perhaps a big winning?

(Translated by Doran Jennifer Chang)

Two Cosmos Flowers

The first definitive word my three year old granddaughter confidently muttered was "flower." Every moment I wasn't working, I would have playtime with her, showing her flowers and letting her touch them. "This is a rose, pretty huh? And this is hydrangea. Really big!"

One day Lauren was ready to say it. "Um··· Upp···" Finally, the word "flower!" exploded out of her little 9-month old mouth and surprised me! When my son and my daughter-in-law returned from their work, I reported my delight but they didn't believe me. "You must've heard wrong mother," they said. Perhaps they thought it odd that I was so excited. While in her grandfather's arms later that night, Lauren spat out the word again, repeatedly. "Flower, flower, flower!" She exclaimed while pointing at different flowers in the house. We were all in awe.

It seemed as if Lauren's first word opened up infinite possibilities ahead. As a 10-month old, she was pointing at some strawberries at a market and saying "strawberry!" A store clerk became wide eyed and asked, "Did she just say strawberry?" Lauren could barely walk before she turned one but she was such an adorable and talkative baby.

Time flew past her third year and she now loves to sing and dance, wear pretty dresses and constantly reminds us, "I'm a princess." She wears clothes only adorned with flowers and rejects any that's too plain. "No flowers!" End of discussion. You can imagine how hard it is to get her into other clothes. She even looks for flowers on her necklaces and hairpins. Flowers make up a very important element in her life.

About a month ago, my husband brought Lauren home after preschool. She saw some Cosmos flowers and asked for a couple them. She held them out to me and said "Granma, they're so pretty! Look, they're pink Cosmos. One for you, one for me!" By then I was busy with some of my friends who came over for lunch. "Thank you," I said quickly and without thinking much stuck each Cosmos into two vases on my dining table. After a long walk by the ocean with my friends I'd already forgotten about those Cosmos flowers and Lauren went home.

5 days after, something pulled my gaze while having lunch with my husband. It was one of the pink Cosmos flowers. I looked at my husband with a surprised look. "What's the matter?" he asked. "The pink Cosmos!" I pointed to the still delicately fresh pink Cosmos that seemed to be beaming at us. "Where's that from?" he inquired. "It's the one Lauren got for me." I said with a smile. While I was busy with lunch with my friends,

I'd put one Cosmos in a vase with water and the other in a dry vase. The one that went to the vase with water was still in fresh bloom while the other was completely dried out with rotting colors. My thoughts rush as I look at the different fates of the same flowers.

With a cup of hot tea before me I looked out the window at the flowers waving in the wind. They reminded me of the odd coexistence of life's happiness and sorrows. Flowers that grow from one root··· the flowers I randomly added onto different vases··· their fates depending on what kind of vase they were put int o··· Flower fate? How about us, the top creation of the world?

Almost 30 years back, my husband and I made a solemn promise before we decided to immigrate here. If one of us should want to return to Korea, the other would be against it. It was a promise that made us endure through difficult times.

It was trying times settling down here with three young kids and trying to communicate with my non-existent English skills. I cried a lot alone because I didn't want my husband to see me cry and feel any heartache. I remember renting a second story unit in Korea town. The tenant below used to race upstairs to us whenever the kids were playing and jumping. I can't forget how sad I felt forbidding my kids to play all they want. Perhaps all this initial hardship paved a better life.

My mother-in-law was able to get us a loan for us to move to a house by the Pacific Ocean after just 1 year and 10 months at our rental. Even after 30 some years today, we still live in that house. If anyone asks where I live I would reply "I live in a little house next to a big ocean." Kids played all they wanted and I smiled at the flowers blooming and birds chirping in the morning. It was a house where we raised a cute puppy my eldest son brought from his friend's. Were these memorable moments enabled by the vase full of water? What about our hardships from time to time? Do those moments represent the dry vase?

Back then, we only owned one car. . If my husband took the car, the rest of us would be stuck. Our local grocery market didn't even stock rice or tofu. We had to make a trek out to Korea town to fill our need for Korean food. Once I was really sick and thought a bean sprout soup spiced up with red pepper was all I needed to feel better. But the Korean market was too far. That wasn't the only issue. At the schools my children attended they were the only Koreans. How difficult it must have been for them in terms of communication? They managed fine some time later but I'm sure their initial language hardship was not a negligible one.

I wonder if all the hardships adjusting to new life here was because of the dry vase. I realize it doesn't make sense to compare flowers to human condition. But I see the parallel whenever I think of those two Cosmos flowers. Cosmos are in full bloom again next to our fence, billowing in the wind. They carry on each year without us seeding them. With care and support our lives would thrive like them. I'm thankful that I have moments thinking about the intertwining lives of those Cosmos flowers and mine. I find myself promising to be the moist vase for my granddaughter and provide her with a good environment to flourish.

(Translated by Doran Jennifer Chang)

이민생활에서 피워낸 여성 행복
–장명옥의 수필세계

정목일 (한국문협 부이사장. 한국수필가협회 이사장)

1.

이민 30여 년을 맞는 재미교포 수필가 장명옥 씨와는 오랜 교분이 있다. 방미 중 LA를 찾을 때마다 만나곤 했다. 데뷔 이후 꾸준한 활동 끝에 처녀 수필집을 상재하게 된 것을 매우 기쁘게 생각한다.

장명옥의 수필에서 근간을 이루는 핵심 언어는 사랑과 가정을 축으로 가장 여성적이고 가정적인 관심과 일상에 뿌리를 두고 있다. 무엇보다도 여성다움의 세계를 보여주고 있음을 본다. 여성이 꿈꾸고 창조하고 싶은 세상, 가족과 함께 웃음과 행복이 있는 평화의 시·공간이다. 사소함 속의 행복, 가족의 소중함, 부부애, 손녀 보기, 정의 미학…. 여성들의 끊임없는 관심사인 요리, 꽃, 가정행사, 가족, 여행, 취미 등이다.

보통 사람들은 소설세계 같은 기적, 특별, 기상천외, 횡재, 흥미진진 등의 세상에 살지 않는다. 일상, 평범, 사소함의 수필세계 같은 현실에서 살고 있다. 장명옥의 수필은 그가 펼쳐낸 인생의 반영이다. 정신적으로나 육체적으로 그의 삶을 비춰낸 거울이다.

이번 처녀 수필집은 장명옥 인생의 자화상을 그려놓은 것이라 할 수 있다. 자화상은 자신의 모습을 손수 그린다는 점에서 가장 솔직한 고백이요 숨김없는 마음의 토로이다.

수필은 자신과의 소통을 통해 자아를 발견하며, 세상과도 소통한다. 풀벌레가 밤새도록 우는 것은 자신의 존재를 알리려는 의도이다. 우주 한 복판에 안테나를 세워놓고 끊임없이 발신음을 보내는 것은 세상 어느 곳에서 단 하나의 수신자를 만나기 위한 것이다.

수필도 자신의 마음과 인생을 토로하면서 독자들과 소통하려 한다. 마음을 털어내야 홀가분해지고 맑아진다. 마음을 나눌 수가 없으면 진실한 관계가 되지 못한다. 시, 소설, 희곡 등 상상을 토대로 한 문학은 허구를 통해 소재를 끌어들이지만, 수필은 자신의 체험을 소재로 한다. 픽션은 상상과 흥미를 통한 소통장치라면 논픽션은 사실과 진실을 통한 소통장치이다.

사람들은 날마다 거울을 보고 산다. 제 얼굴을 가장 잘 아는 이는 말할 것도 없이 자신이다. 그런데도 거울과 사진을 보지 않은 채 자화상을 그리기는 실로 어렵다. 타인의 얼굴을 그리는 것이 더 쉬

울지 모른다.

'나는 과연 어떤 존재인가?'

'인간은 무엇인가?'

이런 물음은 인간이 풀 수 없는 마지막 질문이다. 논리와 과학, 종교와 철학으로도 알 수 없다. 수필쓰기는 삶에 대한 성찰과 인생에 대한 깨달음이다. 자신을 알지 못하면 타인을 알 수 없으며 세상과도 제대로 소통할 수 없다. 자신의 인생을 비춰내려면 마음이 맑아야 한다. 마음의 연마를 통해 자신의 영혼을 비춰내야 한다. 마음을 맑게 닦아내려면 탐욕이라는 때, 화냄이라는 얼룩, 어리석음이라는 먼지를 씻어내야 한다.

수필은 마음의 대화이며 소통이다. 가슴속에 근심, 수치감, 열등감이 못, 한, 상처, 부끄러움으로 남아 있으면 마음이 무겁고 어두워진다. 마음을 씻어내지 않으면 안 된다.

참다운 수필쓰기는 자랑과 과시는 뒤로 감추고 과실, 용서, 참회를 통한 마음 열기와 정화에 있다.

수필의 효용성을 든다면 인생에 대한 기록과 발견이다. 인간의 평균 수명은 1백 년이 되지 못한다. 일회성一回性 일과성一過性의 삶을 지녔다. 인간은 삶의 제한성을 확대하고자 하는 열망으로 영원을 꿈꾼다. 인간이 만든 모든 것들은 시간의 침식으로 인해 소멸되며 사라지고 만다. 시간은 망각의 바이러스를 뿌려 인간이 남긴 그 어떤 것들도 부패와 소멸의 과정을 거쳐 지워지게 한다.

기록은 인간이 발견한 유일한 영원 장치이다. 기록을 통하지 않고는 영원을 얻을 수 없다. 자신의 삶과 인생이 영원을 수용하는 유일한 길은 기록뿐이다. 수필은 자신의 삶과 인생의 기록일 뿐 아니라, 인생에 대한 발견과 해석이다. 기록을 통해 존재의 영원성을 추구하고 있음은 인생에 대한 의미와 가치의 발견과도 무관하지 않다.

수필은 단순한 기록에 그치지 않고, 체험을 바탕으로 자신의 생각과 감정, 철학과 사상, 미의식, 인생관, 가치관, 상상력 등을 반영한다.

픽션 문학은 오로지 작품의 완성도에 따라 평가를 받지만, 수필의 경우는 인생의 경지가 높아야 작품의 경지가 높아진다. 영혼이 맑아야 문장에서 맑음이 흐른다. 정감이 있어야 문장에서 온기가 흐른다. 좋은 수필을 쓰기 위해선 좋은 인생 경지를 얻어야 한다.

좋은 수필을 지향한다는 것은 곧 좋은 인생의 발견과 지향이 아닐 수 없다. 수필쓰기는 인생의 발견과 의미를 부여하고 인생의 가치를 창출하는 일이다. 자신의 삶을 통해 깨달음의 꽃을 피워내는 게 수필의 행로요 자화상이다.

수필은 논픽션이기 때문에 자신의 체험을 토대로 한다. 작자가 화자가 되는 경우가 보통이다. 서양의 에세이는 객관적인 관점에서 사회 문제를 논리적으로 전개하지만, 동양의 수필은 주관적인 관점에서 개인 체험을 감성적으로 다룬다. 서양의 수필에도 중수필에 해당하는 베이컨 식 에세이와 경수필에 속하는 몽테뉴 식 에세이로 대별되고 있긴 하다. 우리나라에서 발표되는 대개의 수필들은 개인 체험을 통한 인생의 발견과 의미를 담아낸다. 시, 소설, 희곡. 동화의 경우는 픽션이기 때문에 '허구'라는 장치를 통해 독자들에게 흥미, 감동을 유발시킨다. 수필의 경우는 '사실'을 통해 진실을 말하기 때문에 작자의 인생이 작품의 바탕이 된다.

2.

장명옥의 수필쓰기를 자신의 삶을 반영시키는 거울을 통해, 보다 성숙하고 충만한 삶을 얻길 원한다. 여성으로서의 이민생활의 애환, 이웃과의 소통과 다문화에 대한 이해 등 어려운 상황과 관계에 직면하면서도 여성적인 부드러움과 수용력으로 문제를 풀어나가는 지혜를 보여준다.

딸아이에게서 전화가 왔다. 김치를 만들고 싶단다. 재료도 다 사 놨는데 간장을 못 구했다고 한다. 소금과 젓갈로만 담가온 내 방식으로는 이해가 안 되지만, 어느 책에선가 간장으로 김치를 담근다는 걸 읽은

적이 있다. 딸아이는 내 방식을 묻지 않고, 누군가에게 배운 대로 할 모양이다. 무엇보다 김치를 만들어 보겠다는 생각이 고맙다. 언젠가는 시집 갈 딸에게 비싼 혼수나 지참금 대신, 몇 가지 맛깔스런 김치 만드는 법을 일러 줘야겠다.

김치라고 한마디로 말하지만, 재료 따라 정말 많은 종류의 김치가 있다. 집집마다 들어가는 양념들이 다르다. 짠맛도 각기 다르다. 젓국들의 맛은 또 얼마나 독특한가. 첫아이 갖고 입덧할 때 먹어본 전라도 김제의 짭짤한 갓김치, 개성여인들의 보쌈김치의 맛은 지금도 잊을 수 없이 생생하다. 이렇게 다양한 김치를 만들 수 있고, 계절 따라 지방 따라 독특한 재료로 만들어 내는 한국 여인들이다.

현대는 국경이 별 의미가 없어진 때가 아닌가. 오며 가는 많은 방문객들에게 우리 고유의 맛을 알려줘야 한다. 갈비, 불고기의 맛을 잊지 못하듯이 김치 맛도 잊지 못하도록 해야 한다.

세계인들이 백세를 사는 날이 코앞에 다가와 있다. 백년, 그 오랜 동안 오로지 자기 음식만 고집하며 산다면 너무 지루할 듯하다. 조그만 한반도에서 반만 년을 이어온 김치 맛을, 웰빙 음식으로 내세우며 자랑하고 싶다. 공장에서만이 아니라, 어머니들도 조상 대대로 내려오는 엄마표의 손맛을 전승시키면 얼마나 좋을까. 김치 생각으로 입안에 침이 고인다.

– 〈웰빙 김치〉 일부

장명옥의 수필에선 잘 익은 김치 냄새가 난다. 어머니로부터 대대로 배워온 맛의 대물림이 보인다. 민족의 공감대는 언어를 비롯한 풍속과 전통에서 얻어진다. 민족 고유의 맛, 멋, 미, 끼가 통하게 마련이다. 한국을 대표하는 음식문화를 든다면 '김치'를 내세울 수 있다. 이미 세계화 된 상품이 되어 세계시장에서도 각축을 벌이는 중이다. 한국의 김치이건만, 세계 김치 시장의 75%를 일본, 20%를 중국, 그 나머지 5%를 한국이 차지하고 있는 현상이라니, 놀랄 일이 아닐 수 없다.

최근에는 한국의 민요 '아리랑'을 중국에서 자국의 민요로 발표하여 한국인들을 어리둥절하게 만들었다. 한국의 우수하고 고유한 문화상품을 타국에 빼앗기는 일이 없도록 국가와 국민이 철저한 대비와 보존 노력이 필요함을 새삼 느낀다.

장명옥이 딸에게서 김치 만드는 법을 자문 받고서 김치 담그는 법을 전승하려는 태도와 함께 가정마다 독특하고 차별적인 맛을 드러내는 김치 맛을 살려야 한다는 생각은 문화보전에 적절한 생각이 아닐 수 없다. 한국의 김치가 '웰빙 김치'가 되도록 하자는 주장은 마땅하고 바람직하다.

옆자리에서 앙칼진 여인의 소리가 들린다.

"내가 왜 일어나야 돼요. 아무도 없어서 앉았는 걸요."

"내가 먼저 왔었다고요. 커피를 사러 갔다 온 거라구요."

"그래도 자리에 아무것도 없었어요."

똑같은 소리가 계속 이어진다.

곁에 있는 사람들은 아무 말도 하지 않고 그저 듣고만 있다.

"어서 일어나라니까요."

드디어 소리가 높아지고, 어제 앉아 있었던 자리라는 주장과 나이가 65세라는 으름장에 젊은 여인이 계속 투덜거리면서 뒷자리로 이동한다.

실랑이가 계속되는 동안 여행 안내인은 침묵으로 일관한다. 무슨 말을 할 수 있을까. 누구 편에 설 건가. 덕택에 15분은 늦게 출발한 버스 속은 더욱 컴컴한 듯하다. 편하다는 핑계로 관광회사를 따라 여행하기를 즐긴다. 운전도, 숙박도, 식사도 걱정 안 하고 창밖의 경치를 즐길 수 있어서 여유 있고 편안하기 때문이다. 아무리 다녀도 세상은 볼 것이 끝도 없이 즐비하다. 숲, 계곡, 수많은 빛깔의 꽃들, 건물들이 가는 곳마다 신기하게 새롭다. 하지만, 자연과 달리 사람들은 서로에게 주는 기분이 그다지 곱지 않을 때가 너무 많다.

앞자리에 서로 앉겠다고 우격다짐 하는 사람들, 일행에게 먹여 주겠다고 오징어를 쭉쭉 찢어 앞뒤로 보내는 사람들, 과자 과일이 수시로 왔다갔다 한다. 그중에 제일 거슬리는 것은 짝짝 소리 내며 껌 씹는

> 소리다. 어쩌다 바로 뒤에서 이 소리가 들리면 골이 아파서 절절 매게 된다. 두통에 시달리다 보면 창밖의 경치도 제대로 들어오지 않고 피곤만이 무겁게 몰려올 뿐이다. 차라리 운전을 하며 조용히 클래식 음악을 들으면서 공상의 날개를 펴며 가고 싶어진다. 아름다운 음악은 사람을 얼마나 행복하게 하던가. 함께 가려는 배려와 예의가 아쉽다.
>
> – 〈일어나라니까요〉 일부

〈일어나라니까요〉는 한국인의 공중도덕과 교양에 대한 실태와 성찰을 보여준 글이다.

여행을 함께 하면서 얻은 체험을 통해 국민교양에 대해 함께 반성하고 바람직한 변화를 모색해 보고자 한 글이다. 한국인의 좋은 점만을 긍정적으로 부각시키는 자가당착보다는 세계에서 인정받는 교양인이 되기 위해서 생활습관과 교양을 높이는 문제를 성찰하고 점검할 필요를 느낀다.

한국인의 해외여행이 확대되고 있는 시점에서, 교양과 예절과 친절을 갖춘 한국인으로서의 자질과 품격을 지녀야 한다. 친절, 배려, 겸손, 양보, 교양은 하루아침에 체질화 되는 게 아니다. 오랜 학습과 실천의 성과로 이뤄진다. 공중 장소에서 함부로 떠들거나 줄을 서지 않는 경우, 목욕탕에서 수도꼭지를 잠그지 않는 경우, 성난 듯 무표정한 얼굴 등이 조화와 질서를 깨트리게 마련이다. 교양인과 선진 국민이 되려면 내적 성숙과 자질을 갖추어야 한다. 자신만의 편리와 만족을 최우선으로 삼지 않고 공동체와 주위의 사람들에게 불편과 불이익을 끼치지 않게 배려하는 마음을 가질 줄 알아야 함을 가르쳐 주고 있다. 하고 싶은 말은 직설적으로 내놓고 말하기보다는 은근한 목소리로 전해준다.

3.

장명옥 수필가는 미국 LA에 살고 있는 교포 수필가로 월간 〈한국수필〉을 통해 등단했다.

별명은 '공주'로 통한다. '여성다움'의 분위기를 만들고 원만하고 부드럽다. 수필가 장명옥은 여성적이고 모성적인 눈으로 세상을 바라본다. 여성적이고 모성적인 세계 속엔 사랑과 생명의 힘이 있어서 어떠한 난관과 고난일지라도 견뎌내고 마침내 꽃을 피워낸다. 여성만이 지닌 특유의 힘이 아닐 수 없다. 그는 지성과 논리와 개성으로 차별성을 내세우지 않더라도 여성이 지닌 가정의 행복을 꽃피우는 노력과 힘, 재미와 흥, 맛, 멋, 미를 흥건히 섞어서 수필을 빚어낸다. 잘난 체를 하지 않고, 살아가는 그대로의 모습을 보여준다. 자신의 생활 체험을 기록으로 남겨 놓는데 그치지 않고, 항상 인생의 발견과 의미를 부여하여 자신의 삶에 대한 점검과 성찰을 보여준다. 이를 통해 독자들의 삶에 있어서도 발견과 깨달음의 계기를 마련해 준다.

눈에 띄게 특별한 삶의 전개와 모습을 보여주려는 게 아니라, 소박하고 일상적인 삶에서 얻은 삶의 발견과 가치를 담아내고 있다.

친척들과 함께 하는 즐거움이 가득한 화기애애한 집안 분위기, 여기저기서 웃음소리, 소곤대는 소리가 멈추지 않던 시간, 그 시간들이 어제인 듯 눈앞에 어린다. 툇마루에 앉아 커다란 번철에 돼지비계 녹여서 밤새도록 빈대떡 부쳐대시는 엄마 옆에, 오빠랑 양옆에 붙어 앉아 따끈따끈한 빈대떡을 어쩌면 그렇게 맛있게 먹어댈 수가 있었을까.

며칠 전부터 들락거리며, 주씨 아주머니네 옷방에서 만들어 주신, 뒤에 예쁜 리본까지 달린 원피스를 입을 생각에 잠 못 들어 하던 들뜬 귀여운 소녀가 지금도 낯설지 않게 웃고 있는 듯하다.

매일 매일이 똑같은 눈뜸과 들뜸과 조용한 잠자는 시간들이지만, 휘영청 밝은 달 아래 하얀 밤을 보내는 추석 전야는 그 순간만이 오로지 존재하는 양, 가슴 벅찼던 기억이다.

비트를 삶아 끓인 물로 반죽을 한다. 손이 델 것같이 뜨거워 쩔쩔매며 치댄다. 진땀이 나고 어깨 힘이 다 빠지도록, 온 힘을 다해 꾹꾹 눌러 반죽한다.

나무껍질같이 버걱거리던 쌀가루가, 드디어 야들야들해져서 부드럽기가 마치 어린 아기의 볼기살 같아진다. 어깻죽지 힘이 쏙 빠지도록 송편 반죽을 치대는 그 짧은 시간동안, 눈앞엔 지나온 고생하던 시간들이 영상화면처럼 지나간다.

자정이 넘은 시간에 재봉틀에 손가락을 박아 그 속에서 부러진 바늘 찾으려고 남편이랑 절절매던 순간, 피는 똑똑 흘러내리고, 뭘 어떻게 해야 할지 겁만 났었다. 응급실을 찾아가기에는 상처가 그리 크지 않은 것 같아 안심했었다. 바늘 조각들을 맞춰 보니 뼛속에 남아있지는 않은 것 같아 들은 풍월을 읊듯, 재봉틀 기름 속에 손가락을 푹 찔러 박았다. 그 후 손가락은 멀쩡히 치유되었다.

–〈송편 빚는 밤〉 일부

〈송편 빚는 밤〉은 장명옥의 미려한 문장이 잘 드러난 작품이다. 작자는 〈송편 빚는 밤〉을 통해 한국 명절의 정서와 전통의 체취, 성장기의 회고와 자연과 순수한 삶의 모습을 거울에 비쳐내듯 보여준다. '송편 빚는 밤'은 짭조롬한 맛과 신비와 추억이 있는 그리운 서정의 밤이었고, 어머니, 남편, 오빠 등 사랑하던 가족들과 함께 보내던 달밤이었다.

솔향이 은은한 부엌식탁에 수첩을 펼쳐놓는다. 하나 둘 점을 찍으며 초대할 친구들의 명단을 뽑아본다. 환하게 웃으며 옛날이야기를 같이 나눌 그 시간이 지금부터 즐겁다.

'온고지신溫故知新' 이런 말도 함께 속삭이지 못하게 된 내 아이들과의 거리가 파르르 떨다 홀로 떨어지는 가을낙엽같이 쓸쓸하다. 가을은 결실의 계절이라 스스로 느끼면서 아이들에게도 꾸준히 내 마음을 전하며 송편을 먹여줘야겠다.

–〈송편을 빚는 밤〉 결미

장명옥 수필가는 '송편 빚는 밤'을 단순히 추석을 맞는 그리운 지난날의 체험으로만 여기지 않고, 한국의 서정과 자연과 인심이 녹아있는 '민속의 밤'으로 생각한다. 이런 토속의 기억을 망각해버린 오늘 날, 아이들과 친구들을 불러 가슴에 남아있는 추억을 회생시켜 보고 싶어 한다. 서정과 전통의 계승이다. 세계화와 현대화로 인해 민족 고유의 정취와 서정이 점차 사라지고 있다. '송편빚는 밤'은 한국인이 추석을 맞을 무렵의 추억과 온기를 향수와 서정으로 잘 담아낸 작품이다.

4

수필의 재제는 일상과 신변잡사에서 얻어진 것이지만, 종소리처럼 깨달음이 울려나오는 것이라야 한다.

수필은 한정적인 삶을, 보다 의미 있고 보다 아름답고 보다 가치롭게 해준다. 사소한 일상도 의미라는 빛깔과 향기를 입히게 되면 생명을 지닌다는 것이 수필쓰기의 큰 성과이다. 모든 것들이 덧없이 다 사라지고 말 것이지만, 시간이 뿌려대는 망각의 바이러스를 오래도록 예방할 수 있는 유일한 영원 장치가 삶의 기록이 아닐까 생각한다. 수필은 위대성과 효용성은 자신의 삶에 대한 성찰과 의미 부여를 통한 인생의 발견에 있다. 단순한 기록을 초월하여 인생의 미학 창조와 영원 수용을 안겨주는 데 있다.

장명옥의 수필은 여성다움과 모성적인 세계에서 피워낸 꽃이다. 가족들을 위해 만월이 돼가는 달을 보면서 밤새도록 솔 향이 은은한 송편을 빚던 여인의 손으로 빚어낸 수필이다. 배개에 수놓아진 자수처럼 행복을 희구하는 여성의 마음을 형상화한 세계라고 할 수 있다. 재미교포로서 문화적인 격차를 이겨내고 한국문화의 정체성을 살려서 꽃피워 내려는 미의식이 돋보인다.

한국인으로서 항상 한국의 영혼과 정서를 생각하고, 어디에서 삶을 영위하든 한국인의 기질과 마음을 잃지 않으려는 태도가 가상하다.

처녀수필집을 낸 장명옥 수필가의 앞날을 축원하며 끊임없이 수필의 길을 걸어가길 당부한다.